性陀

A LIFE RECORD OF
VENERABLE SEONGTHA

性陀 / A LIFE RECORD OF VENERABLE SEONGTHA

노을을 등지고 달을 벗 삼아

나가성타

조계종
출판사

나가성타那伽性陀 대종사

1952년	불국사에서 월산月山 스님을 은사로 출가
1952년 3월	학성선원에서 금오金烏 스님을 계사로 사미계 수지
1958년 3월 15일	범어사에서 동산東山 스님으로부터 비구계 수지
1961년 3월 7일	통도사 강원에서 대교과大教科 졸업
1980년 4월 17일	제6, 7, 8, 10, 11대 중앙종회의원
1980년 11월 3일	대한불교조계종 총무원 교무부장
1980년 12월 15일	학교법인 능인학원能仁學園 이사
1982년 11월 26일	대한불교조계종 종정상
1994년 4월 18일	대한불교조계종 재심호계위원
1995년 10월 21일	원효학연구원 이사장(~현재)
1995년 11월 20일	대한불교조계종 포교원장
1995년 11월 22일	경주경실련 공동대표
1996년 9월 30일	사단법인 파라미타청소년연합 총재
1996년 11월 7일	통상산업부장관상
1997년 6월 5일	국무총리상
1997년 8월 21일	학교법인 중앙승가학원 이사
1998년 7월 20일	불국사 주지
1998년 10월	경주생명의숲 공동대표
1999년 6월 28일	우리민족서로돕기운동 공동대표
1999년 7월 1일	민주평화통일자문회의 자문위원
2000년 6월 5일	세계환경의 날 대통령포장 수상
2000년 9월 18일	대구불교방송 사장
2001년 3월 7일	대한불교조계종 환경위원장
2002년 7월 19일	불국사 회주(현)
2002년 12월 27일	국민훈장 모란장 수훈
2003년 8월 1일	(재)성림문화재연구원 이사장(현)
2008년 4월 25일	지구촌공생회 이사 취임(현)
2015년 12월	학교법인 동국대학교 이사장 직무대행
2016년 3월 15일	대한불교조계종 호계원장
2016년 8월 25일	동국대학교 명예 철학박사 학위 수여
2017년 4월 26일	대한불교조계종 원로의원(현)
2018년 5월 17일	대한불교조계종 대종사 법계 품서

금오태전金烏太田(1896-1968) 대종사

성림월산聖林月山(1913-1997) 대종사

나가성타那伽性陀 대종사

출가 초기 소년 수행자 성타 스님

돌아보니 삶이 수행이었다

나는 1941년 울산에서 태어났습니다. 부모님은 일찍 돌아가시고 외할머니 사랑을 받으며 자랐습니다. 아홉 살에 절에 들어간 후 정규 학교 교육은 받은 적이 없습니다. 절에 계신 스님이나 보살님들은 학교 교육에 대한 관심이 없었습니다. 그럼에도 인생을 사는 바른 삶에 대한 가르침으로 많은 영향을 받았습니다. 절에서 한글을 배우고 경전을 공부하며 한문을 배웠습니다.

통도사 강원을 가면서 극락암의 경봉 스님의 가르침을 받았고, 강원에서 운허 스님의 가르침을 받았습니다. 그리고 범어사 동산 스님 문하에서도 있었습니다. 노스님 금오 스님을 비롯하여 효봉 스님, 청담 스님, 호월 스님, 향곡 스님 등 근대의 큰 선지식들을 두루 만날 수 있었습니다.

강원을 졸업하고 선방에서 용맹정진을 하기도 했습니다. 법주사에서 강원 학인들을 가르치는 강사도 했습니다. 또 종단에서 종회의원이나 교무부, 포교원 등에서 많은 일도 했습니다. 이후 은사 월산 스님을 모시고 불국사 가람을 중창하는 데 역할도 하였습니다.

포교원장 시절 파라미타 청소년협회를 만들거나, 교사불자연합회를 조직하거나, 신도증 발급을 체계화 하는 일 등을 비롯하여 대구불교방송 사장, 동국대학교 이사장 등을 역임하는 모든 과정은 포교에 대한 남다른 열정 때문이었습니다. 다시 말해, 수많은 일을 하고 다양한 소임을 맡은 것은 '포교'라는 것의 다른 이름이었습니다.

또 환경운동이 일반화되기 훨씬 전부터 다양한 환경실천과 활동을 해왔습니다. 이 모든 것도 불교사상을 공부하다 보면 환경에 대해서 생각을 안 할 수가 없습니다. 불교에서 말하는 불살생계不殺生戒, 또 발우공양의 정신, 스님들의 검박한 생활 등 이것이 전부 환경문제의 대안이기 때문입니다.

출가하여 부처님을 모시면서 따로 포교하고, 따로 환경운동을 하는 것이 아니라 부처님의 삶과 가르침이 모두 원력이었고 포교였습니다. 나는 일반 상식을 비롯해 정치·사회·경제·문화 등 다양한 분야에 관심이 많았습니다. 그래서 강연회라든지 세미나에 참석해 듣기도 하고, 라디오와 텔레비전을 통해서 강연을 듣기도 했습니다. 물론, 책이나 신문을 보면서 부족한 부분을 보완하면서 살았습니다. 정규 교육을 받지 않았다고 신세 한탄하며 지냈다면 지금처럼 살지 못했을 겁니다. 나는 정규 교육을 받지 못한 것에 대한 열등의식이 전혀 없습니

노을을 등지고／달을 벗 삼아

다. 그만큼 부족한 부분을 다른 것으로 채우며 살아왔습니다.

항상 책 읽기를 즐겨하면서 기록하는 습관이 생겼습니다. 이 책도 어려서부터 기록한 것들을 모아 엮은 것입니다. 지금 돌아보면 이 기록이 나의 삶이었고 수행의 발자취입니다. 출가 시절부터 불국사 회주에 이르기까지, 학인 시절부터 대종사 법계 품서에 이르기까지 나의 기록은 삶이었고 수행이었습니다. 이 기록 속에는 근현대사를 관통하는 역사가 있고, 한국불교사의 아픔과 희망이 있습니다. 한 수행자의 인간적 면모를 함께 발견할 수 있기를 기대합니다.

2022년 봄을 맞이하며

성타性陀 근서謹書

차례

머리말 | 돌아보니 삶이 수행이었다 011

제1장 | 통도사 학인 시절
　사미율사기를 끝내고 019
　도서사기를 마치면서 022
　절요사기를 맺으면서 028

제2장 | 1969년 일기장
　일기장 035

제3장 | 속리산 법주사
　국립공원과 사원 161
　동양적 휴머니즘 163
　속리산과 중사자암의 사실 166
　염화실 상량문 175

제4장 | 토함산 불국사
　불국사 안내문 낭독 초안 179
　불국사 복원 불사 회향식에 즈음한 보고와 술회 185
　종각 상량문 263
　탄원서 266
　불국사 식당 상량문 270

제5장 | 법어

한국불교의 전통성과 오늘의 과제 277

차별심을 버리고 자유와 평등을 284

돌이켜 비춰봐야 할 마음─회광반조 289

몸의 의식주와 마음의 의식주 297

불법은 지금 여기에 있다 303

일상생활에서 가르침을 준 부처님의 설법 305

가려 뽑은 부처님 말씀 310

우리의 궁극 목표는 불국토의 실현 313

『불설사십이장경』 법문초 316

불교 명상에 대한 글을 옮겨 쓰다 321

중도에 대한 바른 이해 333

곡선을 닮은 직선 336

두 번째 화살을 맞지 마라 339

믿는 마음은 나만의 발원에 머물지 않는다 351

우리 곁에 오신 부처님 357

영혼을 맑히는 기도문 360

발원發願은 자신으로부터 발원發源한다 365

제6장 | 삶과 수행의 여정

삶과 수행의 여정 371

제1장

통도사 학인 시절

사미율사기를 끝내고

정토를 얻으려 하면 마땅히 그 마음을 깨끗이 하여야 하니,
마음의 깨끗함을 따라 불국토가 깨끗해진다.
『유마경』

시간은 짧고 쓸 페이지는 많고 하여 얼른 바쁘게 썼음으로 제날에 마무리 되었다. 그러나 글씨가 늘지 않으니 무엇이 좋으리요.

감기가 들어 저녁 일찍 간병실에 누웠다가 오늘 아침 예불 뒤에 일어나서 도서를 보아 가르쳐 준 끝부터 쓰기 시작하였다. 아쉬운 때에 몸까지 상쾌하지 못하니 어찌하겠는가! 더구나 요즘은 글씨 쓰는 데만 정력을 소비하므로 도저히 학과에는 생각조차 잃어버렸다. 학업에 정이 떨어지니 앞길이 더 캄캄해질 것은 사실이다.

오늘도 보지 못한 채 책만 가지고 문강을 하였다. 해제와 더불어 강원 생활을 그만하려니 섭섭한 생각과 별별 망상이 떠다닐뿐더러 학업에는 해보자 하는 생각이 어쩐지 사라지는 것이다.

끝으로 쓰게 된 동기를 말하자면 그 전에 사미율사기沙彌律私記●를 적었지만 하권을 쓰지 못하여 항상 생각이 가시지 않던 중 다행히 강사 스님께 책을 빌려 쓰기는 하였으나 이것도 구체적으로 갖추지 않은 것이라 행 중 유감이며 후일을 바라는 것이다.

1961년 2월 26일(단기 4294년 음 1월 12일)

통도사 강원 삼현회중

이성타李性陀 근서謹書

● 사미율사기沙彌律私記는 『사미율의沙彌律儀』에 대한 성타 스님의 학습 메모, 즉 개인적 기록 (私記)을 말한다.

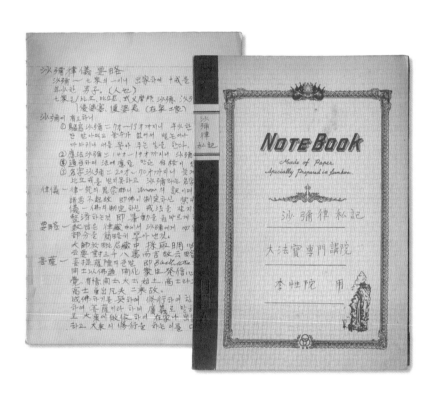

성타 스님의 사미율사기 표지와 내지

도서사기를 마치면서

불법佛法의 큰 바다는
믿음으로 들어가며 지혜로 건넌다.
『대지도론』

내가 원래 강원에서 수학할 때에는 이런 사기私記할 시간과 몸이 허락하지 아니하여 도저히 어찌해 보지를 못하였다. 일단 학과를 마쳤으나 교리 연구를 생각할 수 없는 기상천외의 사무에 임하게 되었다.

그러나 뜻은 변함이 없고 앞으로 기회만 기다릴뿐더러 이 속에서도 어떤 것을 해보려 하였던 것이 이번 도서사기都序私記*의 일편을 이루게 되었다.

사실 시간은 있더라도 자연적 정성의 일로에 여념을 가질 수가 없다. 요즘 여름철에는 사무가 없다 할 만큼 여유 있는 시간이지만 늘 유희에 휩쓸려 지금까지 지내온 것이다. 머지않아 이 길을 여의고 연마의 길을 밟을까 한다.

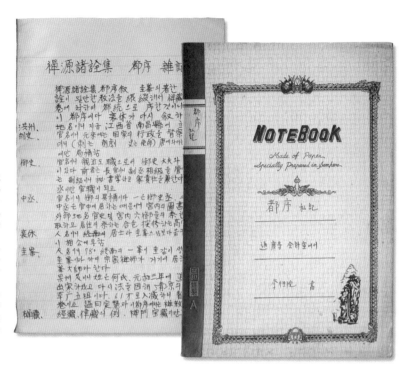

1961년 8월 16일(단기 4294년 음력 7월 6일)

통도사 종무소 회계실에서

이성타李性陀 근서謹書

● 『도서都序』는 『선원제전집도서禪源諸詮集都序』를 말한다. 조선 중기 이후 불교 강원의 사집
과四集科 교과로 채택된 이래 오늘날까지 강원의 필수과목이다. 이 책은 101권의 방대한 내용
을 지닌 규봉종밀圭峰宗密(780-841)의 『선원제전집禪源諸詮集』 가운데에서 선교일치禪敎一致
사상에 관련된 요긴한 글을 발췌하여 만든 것이다. 도서사기는 『도서』에 대한 성타 스님의 학
습 메모(私記)를 말한다.

통도사 학인 시절

통도사 학인 시절 어린 도반스님들과 함께

통도사 강원 성지순례–불국사, 1960년

통도사 강원 성지순례-석굴암, 1960년

절요사기를 맺으면서

전쟁에서 백만 대군을 이기는 것보다
자신을 이기는 자야말로 진정한 승리자이다.
『법구경』

대교과大敎科를 마쳤다. 하지만 수학 시에 사기도 해놓지 못하였으며 더구나 글씨는 이제 쓰는 사람과 같이 못 쓴다. 이런 미흡함을 채우려는 뜻으로 여름 더위나 회계의 직무를 돌아보지 않고 쓰게 되었다.

그래서 전번 도서사기와 이번의 절요사기節要私記*가 이루어졌다. 그러나 시간이 넉넉지 못하여 정신을 차려 쓰지 않아서 그런지 글씨는 조금도 늘지 않았다.

앞으로 회계 책임을 그만 두고 군 영장이 나오기 전까지 마음먹은 학문에 시간을 가지게 되었으면 싶으나 또 나의 환경이 어떻게 될지 지극히 의문이다. 이번도 의문의 말을 남긴 채 여언을 맺으려 한다.

노을을 등지고/달을 벗 삼아

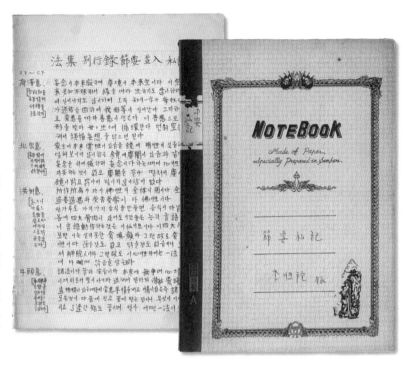

1961년 8월 24일(단기 4294년 음력 7월 14일)

통도사 회계실에서

이성타李性陀 기記

● 『절요節要』는 보조국사 지눌이 1209년에 간행한『법집별행록절요병입사기法集別行錄節要并入私記』를 말한다. 규봉종밀의『법집별행록法集別行錄』의 번잡한 내용을 간략히 줄이고 저자 자신의 의견을 붙인 것이다. 절요사기節要私記는『절요』에 대한 성타 스님의 학습 메모(私記)를 말한다.

『기신론起信論』을 마치면서 운허 스님을 모시고 학인들과 함께, 1959년

통도사 강원 졸업기념, 1961년

제2장

1969년 일기장

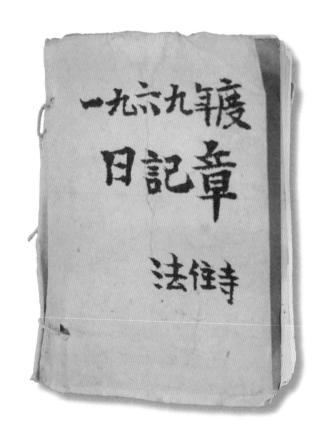

1969년도 일기장

1월 1일

수요일

晴

삭발 목욕하다. 목욕물 덥히는 데 있어서 약간의 논의가 있었다. 신정
新正 설은 쇠지 않으니 평일과 다름없는 기분이다. 친지들에게 약간의
연하장 띄우다.

마늘 넣은 약을 먹는 관계로 큰방 공양을 며칠 않기로 하다. 오늘부터
교무직을 수행하기로 하다.

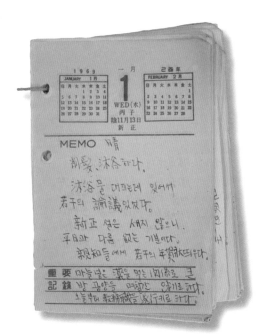

1월 3일

금요일

晴

오늘 처음으로 재무財務로서 사진 관계 문서에 결재決裁 인장印章을 찍었다. 일호 스님께 편지 띄우다. 함께 살았으면 하는 뜻으로….

모처럼 오늘 밖으로 바람 쏘이러 나갔다. 일주문까지 다녀오니 기분이 상쾌하였다. 마늘 약은 그만 먹기로 했다. 냄새가 너무 나므로 싫증이 났다. 강원 운영 문제로 입승立繩 등 몇몇 학인과 논의하였으며, 주지 급 삼직三職(총무·교무·재무)스님에게도 함께 논의하였다.

1월 6일

월요일

雪

가장 존경하는 분 중에 한 분이신 운허耘虛 스님께서 회답回答을 해주셨다. 역경원譯經院 출근을 그만두고 갈 길을 닦으시겠다니, 어쩐지 문하생門下生의 한 사람으로서 허전하고 서운한 생각 금할 수 없다. 인생무상人生無常을 다시 되새기며, 누구나 노년에 쓸쓸해 하는 야릇한 정상情想이 떠오른다.

나는 오늘 탄허呑虛 스님,● 도원道源 스님, 월운月雲 스님,●● 그리고 달진達鎭 선생, 진영鎭泳 선생께 연하장年賀狀을 띄웠다. 그분들께 배우던 시절을 회상하면서 감사하는 생각을 가졌다.

● 탄허 스님(1913-1983)은 근현대 한국 불교계를 이끈 최고의 학승, 유불도 삼교에 능통한 대석학이었다. 교육 사업과 후학 양성에 힘썼으며 『화엄경』 및 여러 불교경전을 번역하였다.

●● 월운 스님(1928-)은 대강백 운허 스님을 은사로 출가하였다. 통도사와 해인사 강원을 졸업하고 강사가 되었으며, 동국역경원 원장을 역임했다. 현재 봉선사 조실로 있다.

노을을 등지고/달을 벗 삼아

동국대학교 부설 역경원 연수생 입소식 기념, 1967년

1월 7일

화요일

雪

월은月隱 스님으로부터 편지 회답이 왔다. 이곳에 오셔서 같이 살았으면 하고 나는 바라는데, 못 오겠다는 내용이다. 도반道伴이 오지 않아 섭섭한 생각이 든다. 누님과 손 수녀님 등께 연하장을 띄웠다. 그만둘까 하다 너무 오랫동안 소식이 끊어졌기에 궁금한 정情을 나누고파 쪽지에 아쉬운 뜻을 실었다. 그리고 대우大愚 스님에게도 회답을 보냈다.

오늘 빨래 조금 하고는 온종일 무료하게 시간을 보냈다. 일반 국어 서적과 한문도 공부하여 역경譯經할 수 있는 실력을 갖추어야 할 텐데….

노을을 등지고 / 달을 벗 삼아

1월 11일

토요일

曇

맨몸으로 산내 암자에 다녀온다고 간 활안 스님이 열흘이 되어도 아무 소식이 없어 궁금하고 걱정되었다. 월복 스님과 함께 아침 공양 후 찾아 나섰다. 상환암을 거쳐 상고암에 가서 점심을 먹었다. 두 곳에 다녀갔다고는 하나 있지는 않았다. 그래서 복천암에 내려와서 쉬면서 중사자암은 다른 분을 시켜 알아봤으나 그곳엔 오지 않았다 한다. 우리는 지쳐서 복천암에서 자기로 했다. 쉬는 틈을 타서 '바둑'을 두었다. 아무튼 그 스님이 없어 마음이 놓이지 않았다.

1월 12일

일요일

晴

강사 호경 스님의 사표서가 우편으로 왔다. 그 때문에 만류를 시키기 위하여 주지스님의 특명으로 수정암水晶庵 원주스님과 함께 그 스님의 집을 찾아 유성으로 갔다. 12시 30분에 도착했으나 강사스님이 출타 중이라 줄곧 그곳에서 기다렸다. 저녁 늦게 오셨기에 자세한 만류의 말씀을 드리고 그곳에서 잤다. 나는 강사스님이 뜻을 철회 번복하게 하는 중대한 사명을 띠었기에 모든 말을 신중히 고려하여 하였다.

강사스님을 기다리는 지루한 시간을 보내면서 생각했다. 무엇이든 기다린다는 것은 어렵고 힘들다고.

노을을 등지고/달을 벗 삼아

1월 13일
월요일
晴

다행히 강사스님의 뜻을 번복하는 데 성공하였다. 며칠 후에 오셔서 다시 맡아줄 것을 확약 받고 돌아왔다. 중대한 일을 잘 완수한 것 같아 마음이 흡족하다. 조용히 돌아와서 퍽 여유롭게 쉬었다.

돌아오는 길에 보은 버스정류장에서 안성보살(명환 어머니)을 만났다. 오랜만에 서로가 객지에서 만나니 퍽 반가웠다. 안성에 여러 보살님의 소식과 송원 스님의 소식을 듣고 기뻤다. 적지만 여비로 300원을 성의로 줬다. 명년 봄에 다른 보살들과 놀러 온다나.

1월 20일
월요일
晴

오늘은 매우 바빴다. 11시에 사집四集 및 사미과沙彌科 수료식을 산중 대중 참석리에 봉행하였다. 사집과는 큰절 학인 5명이었으며, 사미과는 수정암 비구니 5명이 수여되었다. 개강 이후 첫 수료식인 만큼 여러 모로 뜻깊었다.

수료식 준비로 오전엔 쉴 틈이 없었다. 또 처음으로 사회를 맡아 진행하였다. 좀 어색하기는 했으나, 그런대로 대과없이 임무를 다하였다. 앞으론 이런 일이 종종 있을 것이고, 자신감도 생긴다.

오후 7시 반 경에 충북지부 불교청년(학인 포함) 30여 명이 동계 수련을 갖는다고 왔다. 나는 이들과 모든 행사를 짜느라 밤 늦게서야 잤다.

노을을 등지고 / 달을 벗 삼아

1월 28일

화요일

雪

아침 8시에 7명의 치문緇門 학인들에게 처음 강의를 했다. 이것은 앞으로 중강中講을 전제로 하고 한 것이었다. 점심공양 끝에 주지스님과 강사스님으로부터 나를 중강으로 추대한다는 공언이 내려졌다. 나도 인사를 겸한 소감을 약간 피력하였다. 그리고 주지스님께서 사비를 내어 저녁에 국수와 차담 공양을 베풀어 주셨다. 나는 참으로 감사하였다. 상좌가 중강이 되는 것을 무척 좋아하시는 것 같다. 아무튼 감사하다. 이제 중강을 맡았으니, 더욱더 학문과 수행에 책임을 지고 정진해야 될 것이다.

2월 1일

토요일

晴

『능엄경楞嚴經』을 마친 학인들이 오늘부터 『기신론起信論』을 시작했다.
나도 학인들과 함께 식전에 문강하였다. 그리고 강사스님이 이 학인들
에게 『능엄경』 수료증을 발부하라고 하였으나, 거기까지 생각이 가지
않아 대답만 하였다.

며칠 만에 겨우 햇빛이 나기 시작했다. 이번 강설降雪이 수십 년 내에
처음 있는 많은 눈이라 한다. 그 때문에 아직도 교통이 두절된 곳이
많으며, 피해도 상당하다고 한다.

재무스님의 일이 잘 되지 않는 모양이다. 요즘 불교계에 불미한 일만
빚어지고 있다. 나는 착잡하고 침통한 심정으로 세탁을 하였다.

노을을 등지고 / 달을 벗 삼아

법주사에서 학인들과 함께, 1967년

2월 2일

일요일

晴

홍봉희洪鳳憙 선생께 『능엄경』 대금 관계로 편지를 하였다. 오늘 처음
으로 논강論講에 참석하였다. 경상북도 홍보용 팸플릿에 실을 사진을
찍게 해달라며 다른 스님 두 분과 함께 미륵불전에서 촬영하였다. 탄
성 스님께서 나의 애로를 생각하셔서 많이 협조해 주신다. 그 때문에
많은 혜택이 될 것으로 믿고 고맙게 생각한다.

노을을 등지고 / 달을 벗 삼아

2월 4일

화요일

雪

오늘도 눈이 제법 내렸다. 녹으려 하다가 눈이 내렸으니, 또 보은 도로는 교통이 더디겠다. 어쩐지 올해는 눈도 많이 내리는구나.

청주에 나간 스님들로부터는 아무 소식이 없다. 어째서 그런지 모르겠다. 일이 잘 되지 않아 소식을 전하지 못하는지 몹시 걱정이 된다. 주지스님, 총무스님, 재무스님 그리고 탄성 스님까지도 나가고 안 계시니, 집이 텅 빈 듯 공허하기 그지 없구나.

노을을 등지고 / 달을 벗 삼아

2월 5일
수요일
晴

송원 스님이 편지해 주셨다. 주민등록이 잘 되지 않아 수원포교당에 당분간 머문다 하였다.

저번 불교 수련을 한 사람 중에 제일 나이가 많은 최익초란 분이 편지를 해주셨다. 집이 음성이다. 잊지 않고 문안해줘서 몹시 고맙다. 딴 사람한테선 편지가 없는데 그분만이 해주셨다.

내일 복천암福泉庵에서 결혼식이 있는데, 나에게 주례를 부탁해 왔다. 나는 주례를 해보지 않았으므로 책을 보고 늦도록 익혔다.

2월 6일

목요일

晴

오랫동안 소식이 끊겼던 누님으로부터 편지가 왔다. 참으로 기뻤다. 그
동안에 지냈던 자세한 일과 함께 소식을 자주 전하지 못했다며 사과
를 하셨다.

처음으로 주례를 맡아 보았다. 복천암의 요청에 못 이겨 아침 먹고 가
서 오전 11시경에 주례를 보았다. 중노릇을 하려면 그런 것도 해봐야
한다는 뜻에서 시험 삼아 하였다. 해보니 앞으로도 할 자신이 섰다.

저녁 논강에는 참석 않고 누님과 익초 거사에게 편지 회답을 썼다.

2월 9일

일요일

晴

'속리산과 법주사'라는 주제의 강연을 준비해야 하는데, 시간도 없으며 참고 자료도 없어 큰 걱정이 된다. 주간지 「주간조선」과 「대한불교」를 뒤지다 하루해가 지났다. 이곳에 와서 교무도 하였고, 이젠 중강을 하고 있는데 여기에 정해진 잡비를 준다면 책이라도 사 보겠으나 어쩐지 줄 생각을 않으니 곤란하구나.

2월 10일

월요일

晴

내의를 빨았다. 어려서부터 빨래를 해온 것이 진저리가 나서 그런지, 도통 빨래를 하기가 싫구나. 그리고 교무나 중강쯤 되면 산중에서 빨래 정도는 해줘도 무방할 터인데, 왜 이다지도 매정한지 모르겠다.

'속리산과 법주사'에 대해 오늘 처음 집필해 봤으나, 글의 초점을 잡을 수 없고 삐뚤게만 글발이 흐른다. 그리고, 쓸만한 자료가 통 떠오르지 않네.

노을을 등지고 / 달을 벗 삼아

2월 13일

목요일

雨

원고 쓰기에 고심하였다. 그러나 아직도 반을 채 못 썼다. 평소에는 잘 생각이 나다가도 펜을 잡으면 생각이 떠오르지 않구나.

치문 학인들의 요청要請에 의하여 오늘부터 『치문緇門』도 휴강하기로 하였다.

2월 16일

일요일

曇

오늘로써 원고를 마저 썼다. 참 힘들고 지루하였다. 내 딴은 잘 쓴다고
애썼으나 잘못도 많으리라고 본다. 주지스님께도 일러드렸더니 수고했
다고 칭찬하시며 돈도 200원을 주신다.

오늘은 1968년이 마지막으로 가는 음력 그믐날이다. 점심 공양은 수
정암에서 청하기에 가서 만두와 떡국을 잘 먹었다.

저녁엔 큰방에서 주지스님 이하 전 대중이 모여서 재미나게 윷놀이를
하며 마지막을 보내는 날을 유감없이 장식하였다.

노을을 등지고 / 달을 벗 삼아

2월 17일

월요일

曇

오늘은 음력 정월 초하루, 바로 설날이다. 예부터 선조들이 뜻있게 보냈던 날이다. 대웅전에서 아침 예불을 올리고, 그 자리에서 주지스님 이하 전 대중이 한꺼번에 세배를 드렸다. 오늘부터 한 해가 새로 시작되는데, 새로운 각오로 살아갈 것을 다짐하여야겠다.

낮에는 복천암에 가서 윷도 놀면서 재미났다. 저녁엔 수정암에 가서 윷놀이를 하려 했으나 주지스님의 완강한 거절로 못하였다.

지난해 용주사에서 샀던 파카51 만년필을 처음으로 사용하였다. 원고 몇 장 써보니 잘되지 않는다. 나는 왜 글씨를 그렇게 못쓰는지.

2월 24일

월요일

晴

목욕탕이 탈이 나서 월여月餘 동안이나 목욕하지 못하였으므로 오늘 목욕차 유성에 갔다. 오전 9시에 떠났으나 가는 데 시간이 많이 걸렸으므로 목욕은 오후 1시경에서야 했다. 왕가봉에 석우라는 큰스님이 계신다기에 거기에 가서 얘기하다가 잤다. 절은 별로 보잘것없으나 이 석우 스님은 한번 뵐만함을 느꼈다. 점심은 대전에서 짜장면을 사서 먹었고, 이곳은 방이 차서 내가 사는 집보다는 못하다.

이번에 나가는 데도 한 푼도 여비를 얻지 않았다. 물론 내가 달라고는 하지 않았다 하더라도 이렇게까지 대접을 하니 대단히 섭섭하다. 나는 지금까지 용돈을 한 푼도 얻어 쓰지 않았다. 그러자니 군색하구나.

노을을 등지고 / 달을 벗 삼아

2월 28일

금요일

晴

오늘도 석가의 전기를 의미 깊게 읽었다. 미처 생각하지 못한 것이라 든지, 깊숙이 잊혀진 것을 재발견하면서 천천히 읽어갔다. 아직도 며칠 간 더 세밀히 볼 작정이다.

강사스님께서 비구니스님들에게 『치문緇門』을 가르치는 것 외에 특강 으로 『선가귀감禪家龜鑑』을 오늘부터 강의한다기에 나도 참여하였다. 계속 들어볼 생각이다.

3월 3일
월요일
曇

오늘은 동안거 해제이자 뜻깊은 정월대보름날이기도 하다. 해제식과 조사각祖師閣 다례식에 참례하였다. 오후 2시에는 조사스님인 월산月山 (1913-1997) 스님의 법문도 들었다. 즐거운 생각을 갖기에 앞서 매우 바빴다.

오늘 해제를 기해서 10일간 방선放禪하기로 하였다. 음력 20일 외조모님의 사십구재에 참례하기 위해 내일쯤 울산으로 갈 생각이다. 그 때문에 내일 갈 차비를 챙기느라고 많이 분주하였다.

보은불청 지회에서 오는 15일부터 16일까지 양일간 본사에서 수련회를 하겠다고 하여, 청한 모든 것을 짜고 협의하느라고 또한 마음이 바빴다.

노을을 등지고/달을 벗 삼아

3월 5일

수요일

晴

벼르고 벼르던 출타를 오늘에사 하게 되었다. 오전 9시 버스로 먼 여행의 노정에 올랐다. 마침 석굴암에서 오신 주지 월남 스님과 함께 동행하게 되어서 마음이 더욱 흐뭇하였다. 좀처럼 떠나기 어려운 나그네 길이기에 부담감이 없어서 좋다. 오늘은 불국사에서 잘 예정이다. 8일 날은 외조모님 49재이므로 그날은 울산 학성선원에 가서 참례하여야 하겠다.

3월 19일

수요일

曇

오늘 만 15일 만에 법주사에 돌아왔다. 그간에 불국사 석굴암을 다녀
울산에서 계속 머물고 있었다. 특히 학성선원鶴城禪院 덕민德旼 스님과
더불어 탁구 등으로 재미나게 놀기도 하였으며, 언제나 변함없이 따뜻
한 마음으로 반겨주는 화장월 보살님의 성의에 감사한 마음 간절하다.

외조모님 9재 참예 등의 의의있는 일도 있었으나 반면에 놀기도 많이
하였다. 이젠 마음을 잡아 공부에 좀 더 열중하여야겠다.

이곳까지 덕민 스님과 동행하여 재미나게 왔다. 외로울수록 도반이 더
욱 거룩해 보이며 그리워지는 것만 같다. 울산 학성선원에서 덕민 스님
이 나왔다. 후임엔 담연湛然 스님을 추천하고는 스님을 기다리다 못해
나와 함께 떠나왔는데, 지금쯤은 담연 스님이 왔는지 모르겠다.

노을을 등지고 / 달을 벗 삼아

3월 20일

목요일

曇

어제 늦게 들어 왔으므로 오늘 아침에사 주지스님께 인사를 드렸다. 오랜만에 왔다고 많은 꾸지람을 하신다.

어저께 함께 온 덕민 스님을 안내하였고, 이어 간다 하기에 버스정류장까지 배웅 겸 전송을 하였다. 마침 월만 스님이 겨울에 다른 곳에서 지내고 왔다기에 오늘 다니러 간다고 함께 나갔다.

이번에 돌아오니 사중 부서가 다시 짜였다. 주지는 월산 스님이 그냥 더 유임하기로 하였고, 총무는 월국 스님이 그대로 있으나, 교무에 월탄 스님, 재무에 탄성 스님이 새로 임명되었다.

오늘 내가 살던 교무실을 비우고 중강실로 이사를 하였다. 이사를 하느라고 대단히 바빴다. 내일부터 공부를 하려고 그새 지체된 모든 일들을 오늘 힘껏 정리하느라 애를 썼다.

3월 22일

토요일

晴

오늘도 조용히 독서를 하였다. 수정암 수증 스님과 다른 스님 한 분이 오후 2시경에 와서 4시경까지 얘기하며 놀다 갔다.

오늘부터 후원행자 네 명 전원에게 『초심』을 가르쳤다. 저녁 예불 후 7시 반부터 강의하는 것으로 시간을 정하였다.

「불교신문」이 와서 잘 읽었다.

3월 23일

일요일

晴

오늘도 독서를 한다고 애는 썼으나 얼마 하지 못하고 하루를 보냈다. 그리고 어쩐지 지구력을 가지고 오래 계속해서 독서를 하지 못하고 한껏 1시간 전후해서 그만두는 것이다. 생각으로만 독서를 많이 오래 해야 한다고 다짐하면서도 실지로 그렇게 못한다. 조금만 읽으면 싫증이 나서 더 읽지를 못하는데, 아마 독서에 대한 습관이 붙지 않아서 그런 것 같다. 오래 읽는 습관을 들여야겠다.

3월 25일

화요일

晴

오늘 모처럼 주지스님, 월탄 스님, 성산 스님 등 함께 산책 겸 등산을 하였다. 수정봉水晶峰을 거쳐 새로 짓고 있는 천룡암까지 다녀오니 기분이 상쾌하다. 등산도 취미만 있을 뿐 실행이 잘 되지 않는다.

어제 온 성산 스님, 오늘 온 월만 스님 그리고 월탄 스님 등과 함께 얘기하고 노느라고 독서는 등한시하였다.

노을을 등지고 / 달을 벗 삼아

3월 27일

목요일

晴

아침 예불에 학인들이 참례하지 않았기에 조공朝供 시 대중공사大衆
公事해서 참회를 시켰다.

여태껏 있다가 오늘에야 울산 화장월 보살님께 편지를 하였다. 오후에
몇 학인들과 복천암에 가서 재미나게 탁구를 쳤으며 저녁 먹고 왔다.

석공夕供 후 사찰 운영과 강원講院 문제에 대해서 장시간 논의하느라고
오늘도 행자들에게 『초심』을 가르치지 못하였다. 대단히 미안하구나.

월만 스님이 치약과 파스를 사다 줘서 감사했다.

3월 28일

금요일

晴

수정암 비구니스님 한 분이 임종이 가깝다 하기에 가봤다. 아직 입적은 않았으나, 그에 대한 대비책으로 번幡을 쓰기에 나도 돕자는 뜻에서 몇 개 썼다. 그런데 글씨가 되지 않아서 몹시 미안하였다.

그새 읽던 『의사 지바고』를 오늘에야 마저 읽었다. 읽기에 참으로 시일이 많이 걸렸다. 좀 이해 안되는 점도 있으나 공감이 가는 깊은 점도 있었다.

나는 행자들이 바빠서 글을 안 배우는 줄로 알았다. 그러나 사실은 배울 마음이 없어서 그런 모양이었다. 난들 성의 없는데 가르칠 생각이 있겠는가. 그만둬야겠다.

노을을 등지고 / 달을 벗 삼아

4월 1일

화요일

晴

오후에 주지스님께서 부르시기에 갔더니 그새 사중 형편을 이모저모 물으면서 주지직을 오늘 중 사임코자 등기로 총무원에 부송付送하셨다 한다. 다소 의외의 일이며, 앞으로 변동과 요란이 있을 것 같아 마음이 불안하다.

경기도 흥국사興國寺에서 덕민 스님이 편지를 하였다. 나는 읽고 회답도 하였다.

4월 2일

수요일

晴

나는 주지스님이 약간의 불화에서 내려진 사임 문제에 대해 번거롭게 생각하였다. 그래서 오전에 주지스님께 사중의 동향과 공기를 이모저모 말씀드렸다. 일단 사표를 철회하고, 더 유임하기로 하셨다. 그러나 나로서는 현시점에서 고려할 문제임을 강조하였다. 하여간, 철회하였다니 잘 되기를 앞으로 바라는 심정 간절하다.

나는 요사히 조용히 시간이 있는 대로 『영원한 인간상-공자편』을 읽고 있다. 독서는 나의 지극한 소원이기에 기쁘다.

독서는 나의 지극한 소원이었다. 1980년

4월 4일

금요일

雪

『영원한 인간상-예수편』을 처음으로 읽기로 하였다. 다른 성인聖人의 내력에 대한 서적들은 더러 읽었으나, 예수님의 책은 통 읽지 못했다. 그 때문에 이번에 읽으려는 책의 비중은 상당히 크며 의의가 깊다. 성 전聖典이 아닌 전기傳記이지만, 좀 찬찬히 잘 읽어보려 한다.

겨울 동안 입었던 스웨터와 목도리 등 여러 가지를 빨았다. 그런데 때 아닌 눈이 내려 빨래한 것이 무색해졌다.

4월 8일

화요일

曇

간밤에 용암사에서 곤하게 잤다. 아침을 먹고 그곳에서 떠나 옥천에 이르러 목욕을 하였으며, 편지 봉투도 샀다. 보은에 와서 「현대문학」 4월호를 샀으며, 받아 보던 「주간조선」을 청산해 끊고 법주사에 오니 오후 4시였다.

얼마 전부터 앓아오던 비구니스님이 오늘 돌아가셨다기에 수정암에 가서 인사를 하였다. 장례에 필요한 글을 썼으며, 저녁을 얻어먹고 돌아왔다.

4월 9일
수요일
晴

아침 공양 후 수정암에 가서 출장出葬하는 데 참여하였다. 탄성 스님이 법주를 하고 나는 바라지를 맡아 염불을 하면서 화장지까지 갔다. 이번 다비는 대중이 많이 참례하여 그래도 괜찮은 편이다. 그러나 어설프게 중노릇한 사람의 장례는 초라하고 쓸쓸함을 입으로 말할 수 없다. 이것이 독신 승려 사후의 고독한 모습이다. 정신차려야겠다.

교무 월탄 스님과 강원 문제에 대하여 약간 논의하였다.

노을을 등지고 / 달을 벗 삼아

4월 14일

월요일

雨

봄비가 촉촉이 밤부터 대지를 적셨다. 찾아드는 길손이 줄어든 산사
는 고요하기만 하다. 비는 봄비는 인생에게 차분한 안식의 겨를을 안
겨 주는 청량제만 같아 감사하기 짝이 없다. 환경의 고요처럼 조용히
책을 뒤지면서 시간을 보냈다.

4월 17일

목요일

晴

오늘은 몸이 좋지 않았다. 건강에 이상이 있어 불편하니 만사가 귀찮다. 이래도 저래도 기분이 마찬가지로 불쾌하여 안절부절 어쩔줄 몰랐다. 젊은 나이에 벌써부터 건강이 몹시 나쁘니 어떻게 앞으로 살아가야 할지 모르겠다. 독서도 오늘은 통 못하고 허허한 마음으로 시간만 뺐다.

마을 한양식당에서 칼국수를 대접하기에 월만 스님 등과 함께 가서 저녁밥으로 먹고 왔다. 어제 온 책은 수정암에 보내드렸다.

나는 오늘부터 소크라테스의 전기를 읽기 시작하였다. 좀 찬찬히 의의 있게 읽어봐야겠다.

노을을 등지고 / 달을 벗 삼아

4월 21일

월요일

雨

복천암에서 간밤을 쉬고 아침을 맞았다. 애초에 생각하기를 새벽에 큰절에 가려고 했었다. 그런데 간밤에 내린 비로 갇혀 있다가 아침을 얻어 먹고 10시경에 내려왔다. 그 때문에 강의를 못해서 학인들에게 퍽 미안하다.

아직 자전거를 탈 줄 모른다. 비상시를 생각해서 배워두는 것이 좋을 듯하여 점심 후에 연습을 해봤다. 이젠 조금만 더하면….

4월 24일

목요일

雨

재무 탄성 스님으로부터 중강 잡비 조로 5,000원을 받았다. 이것은 법
주사에 와서 처음 있는 일이다. 아마 승려 된 후로도 정식으로 잡비
를 받기는 처음이다. 사중이 어려운 줄 알면서 돈을 받기가 대단히 미
안한 일이다. 다른 달은 2~3,000원으로 계산해 줄 것을 말씀드렸다.
이 돈은 적절히 잘 써야겠다.

노을을 등지고 / 달을 벗 삼아

4월 26일

토요일

晴

아침 강의를 마치고 학인들과 함께 수정봉 옆에 새로 건립한 주지스
님의 토굴에 갔다. 도배를 종일 하고 저녁 늦게 돌아왔다. 매우 고단
하였다.

일전에 누님께서 편지를 한 바와 같이 작은형님 결혼식을 오늘 오후 2
시에 거행한 모양이다. 형의 결혼 청첩장이 와서 고이 있다. 어쨌든 가
보지 못해서 죄송하다. 형수의 이름은 최연화라 적혀 있다.

만성 스님께서 한문자漢文字와 한시漢詩까지 곁들여 의미심장한 격려
의 말씀을 보내주셨다. 참으로 감사하다.

4월 30일

수요일

晴

오늘은 삭발 목욕날이다. 강의를 않고 휴강하였다. 삭발에 있어 종전에는 기계로 하였고, 나도 또한 기계로 하는 것을 주장도 해왔다. 그런데 주지스님이 특별히 삭도로 할 것을 강조하시기에 부득불 그렇게 하였다. 또한 목욕은 목욕탕 고장 관계로 못하였는데, 오늘은 날도 풀렸기에 손을 봐서 물을 끓였다. 나는 목욕도 잘하였으며 빨래도 깨끗이 했다.

원주스님 시장 가는 편에 부탁을 하였더니, 잉크와 세숫비누를 사왔다. 나는 그 후의에 못내 감사한다.

노을을 등지고 / 달을 벗 삼아

5월 2일

금요일

晴

오늘도 어제처럼 오후에 등燈 운력을 하였다. 오늘은 등에 장엄으로 글씨를 붓으로 썼다. 글씨는 아무것이나 잘 쓰지 못하는데 오늘은 의외로 붓글씨가 잘 되었다. 이젠 나도 실망치 않고 좀 더 노력만 한다면 남 못지않을 자신이 생긴다.

5월 6일

화요일

晴

요즘은 현대한국문학전집 7권 『오상원 문학집』을 차분한 마음으로 열
독 중이다. 나는 남 못지않게 문학에 대한 취미와 관심이 있으며, 불교
적인 이미지로 문학을 다루어 보려는 사명감 또한 없지 않다. 그러나
워낙 둔재에다가 배움의 혜택까지 입지 못한 나에게는 까마득한 생각
에 지나지 않을 것이다. 하지만 나의 이상만은 버리지 않고 언제까지
나 정진해 볼 생각이다. 밝은 날까지….

울산 약사암 법명 스님한테서 편지가 왔다. 좀 더 영구적이고 안정된
곳을 물색하니 협조를 바란다 하였다. 그러나 나는 힘이 없다.

노을을 등지고 / 달을 벗 삼아

5월 7일

수요일

晴

오후엔 계속 등 운력을 하였다. 참으로 지루하여 공부에 헛된 시간을 보내는 터였다. 학인들에게만 맡기고 참여를 않으려 해도 나의 양심엔 허락이 가지 않는다. 그래서 참여를 하니, 헛된 시간만 보내는 것 같아 오늘은 짜증까지 났다. 학인들도 운력에 좀 더 성의를 보여주지 않으니 이것저것 모두 신경을 자극하는 것만 같았다.

5월 20일

화요일

晴

오늘은 비교적 별로 하는 것 없이 한적하게 보냈다. 그런데 몸에 병세가 치솟는 것 같아 몹시 괴로웠다. 어째야 병을 고칠까 하는 걱정이 머리를 무겁게 한다. 초파일이나 지나고는 병원에 가서 종합 진찰을 받아봤으면 싶다.

이젠 만춘晩春이 되어 그런지 차츰 관광객도 덜 오는 것 같다. 그렇게 붐비고 북적이던 소음이 가시니 잃었던 산중미를 도로 찾는 기쁨이 마음을 후련하게 한다.

노을을 등지고 / 달을 벗 삼아

5월 22일

목요일

晴

그동안(5개월간) 강의하면서 같이 공부해 오던 『치문』을 오늘로써 종강하였다. 치문반 학인은 모두 여덟 명. 나는 공양 시에 인사 겸 간단한 소감을 피력하였다. 어쩌다, 『초심』 정도는 형편에 따라 가르쳐서 마친 예는 있지만, 지금처럼 중강이란 공식적인 위치에서 가르쳐 마친 일은 처음이다. 학인들과 기념 촬영도 하였다.

내일은 사월 초파일 부처님오신날에 대비하여 제초 작업과 도량 청소 등의 바쁜 일손으로 붐비었다.

5월 23일

금요일

晴

오늘은 사월 초파일 부처님오신날이다. 아침 공양 시에 오늘 행사의 부서를 대략 짰다. 강생降生을 기념하기 위해 특별히 괘불掛佛을 모셨는데, 여기에 대한 책임을 내가 맡아서 단壇도 차리고 감시도 하였다. 봉축법요식은 오전 10시 30분에 시작하여 12시에 마쳤다. 관등觀燈은 저녁 8시가 거의 다 되어서부터 불을 켰다.

사미과(치문)를 마쳤으니, 상급에 오르기 전에 오늘부터 결제일까지 8일간 휴강하기로 하였다.

노을을 등지고 / 달을 벗 삼아

부처님오신날 기념 촬영, 1966년

5월 30일

금요일

晴

오늘은 하안거 결제일이다. 외부와 접촉을 제한·금족하면서 앞으로 석 달간 내적 공부에 충실하는 기간이다. 사시에 대중이 참례하여 마지를 올렸고, 이어 조사전에도 간단히 다례를 드렸다. 오후 2시에는 주지스님의 법문이 있었으며, 후원에서 별좌別座를 맡아보던 행자의 수계식도 있었다. 법명은 종현이라 지었으며, 주지스님의 시봉이 되었다. 이렇게 주지스님의 시봉은 또 한 사람 늘었다.

송원 스님, 호경 스님, 덕민 스님과 봉수 씨에게 편지를 하였다. 송원 스님에게는 와서 같이 살자고 하였다. 어저께 사온 알코파산을 먹고 아침을 굶었다.

노을을 등지고 / 달을 벗 삼아

5월 31일

토요일

晴

며칠 동안 휴강했는데, 오늘부터 다시 본격적인 수업에 들어가기로 하
고 개강하였다. 학인들이 공부를 잘 아니하기에 하나의 주공做工● 수
단으로 오늘 배운 데를 번역을 시켰다. 나도 하나 본보기로 번역을 하
려니 잘 되지가 않구나.

교무 월탄 스님께 교리를 중심해서 사적史的인 부분에 강의를 해달라
고 요청하여 오늘부터 첫 시간(아침 7시)에 해주셨다.

저녁 예불 때 미국인이 아이를 데리고 왔는데 예뻐서 대중들과 함께
기념 촬영을 하였다.

● 학업이나 일 따위를 힘써 함.

6월 2일

월요일

雨

비가 아침 나절에 좀 내리더니 이내 멈추고, 온종일 약간씩 내리다 말다 한다. 전번 서울에서 사온 배구공으로 점심 공양 후 휴식 시간에 전 대중이 운동을 재미나게 즐겼다. 오늘도 그 전날처럼 운동을 하였다. 그리고 관객들과 가끔 배구 시합도 갖고 하였다.

주지스님이 주관해서 발행한 『조주어록趙州語錄』 발송 명단을 나에게 작성하기를 명하기에 적어보니 대략 100명이 훨씬 넘었다.

노을을 등지고 / 달을 벗 삼아

6월 3일

화요일

晴

이곳 월만 스님의 소개와 호의로 늘 벼르기만 하던 병원을 찾아갔다. 보은 성모병원은 천주교에서 운영하는 곳인데, 그곳 수녀님을 월만 스님이 잘 아는 덕택에 무료나 다름없이 종합 진찰과 약을 얻어 왔다. 모두가 고마운 일이다.

그동안 서울에 가서 죄다 써버리고 돈이 없었는데, 4월과 5월 2개월분 중강 잡비를 받았다. 이제 또 용돈을 잘 쓰겠다.

어저께 말씀하신 『조주어록』을 발송하라고 하여 책 120권을 인계받았다. 보내려면 며칠 동안 고생을 하여야겠다. 그리고 주소가 분명하지 않은 곳이 많아 큰일이다.

6월 6일

금요일

曇

강의를 마치고 그새 끌어오던 『조주어록』 100권을 우편국에 가서 부쳤다. 잔뜩 부담이 되더니 마음이 후련하다.

대우, 성봉 스님 등에게 회답하였다. 오늘은 16회 현충일인데, 보은군 장병 위령재를 대웅전에서 오전 10시에 거행하였다. 대중도 참여하였다. 손이 100여 명이나 왔으므로 후원에서는 손 치르기에 바빴다.

공휴일을 틈타 보은 성모병원 수녀님 여섯 명이 등산을 왔다. 문간에서 만나 절에 들어 올 것을 간청했으나 그대로 갔다.

노을을 등지고 / 달을 벗 삼아

6월 7일

토요일

晴

성모병원에서 갖고 온 약을 먹으니 그전에 다른 병원에서 투약한 것보다 훨씬 좋은 것 같다. 이렇게 효험이 있기는 처음인 바, 대단히 기쁘고 마음이 가뿐해진다. 지내보면서 확실히 효험이 있으면 병이 나을 때까지 계속 병원 신세를 져볼 생각이다. 아무튼 이 기회에 병 뿌리가 뽑아졌으면 다시 없는 기쁨이겠는데….

배구공을 사온 후로는 휴식 시간이나 다른 여유 있는 시간이면 그것을 하기에 여념이 없다. 오늘도 관객(현대건설팀)과 시합을 해서 3대 0으로 이겼다.

6월 10일

화요일

晴

원주스님과 함께 성모병원에 갔다. 나는 이번으로 두 번째로 그곳 병원을 방문한 것이다. 오늘도 상당히 친절히 해주며 약도 공으로 준다. 이것은 과분한 친절이므로 부담감이 전신을 감돈다. 먼저 지은 약을 먹고 효과가 많이 있었는데, 이번 약은 어떨지 모르겠다. 제발 이번 약으로 완쾌되어 다시는 병원 신세를 지지 않았으면 좋으련만….

월하, 우룡, 철인 스님 등에게 책(『조주어록』)을 보내줘서 고맙다는 회답이 왔다.

노을을 등지고 / 달을 벗 삼아

6월 15일

일요일

晴

오늘은 주지스님 생신일이다. 주지스님을 시봉하고 있는 나로서 감회
가 매우 깊지 않을 수 없다. 사중에서 음식을 잘 마련해 주었으므로
대중은 물론, 수정암 비구니스님들까지도 생신을 맞이하여 기쁘게 공
양하였다.

점심은 월남, 종대 스님과 함께 아랫마을에 가서 냉면을 먹고 왔다. 그
때문에 낮에 국수 공양에는 참여하지 못하였다.

안성의 화식 어머님과 그의 큰집 보살님이 왔다. 찾아와 주셔서 매우
기뻤다. 송원 스님이 잘 영접해 주셨기에 한결 거뜬하였다.

은사 월산 스님 회갑 기념, 1973년

6월 22일

일요일

曇

배구공을 사온 뒤로 매일 점심 먹고 쉬는 시간에는 배구 시합으로 대열大熱을 뽑고 하였다. 특히 심할 때는 시간에 구애 없이 오후엔 그것으로 보내기도 하였다. 그 때문에 공부에 힘을 써야 할 학인들에게 시간적인 방해도 많이 되었다. 오늘도 오후엔 배구로 온통 시간을 허비하였다. 그러므로 재무 탄성 스님께서 배구에 대한 언짢은 말씀을 하신다. 이젠 내일부터 배구는 당분간 중지해야겠다.

6월 27일

금요일

晴

하루 앞당겨서 오늘 삭발 목욕을 하기로 하여 휴강하였다.

아침 7시에 원주 월만 스님과 함께 보은병원에도 들를 겸 대전에 물품 구입차 떠났다. 오늘도 무료로 약을 지었다. 이렇게 후의를 베풀어 줘서 대단히 감사하다. 약은 이번까지 세 번 가져다 먹은 셈이다. 첫 번째 약은 퍽 효과가 있었는데, 두 번째는 잘 모르겠다. 그리고 도로 전일과 같은 증세가 도지는 듯한 느낌이 들어 사실대로 말을 하고 약을 지었다. 병원에 잠시 다녀온 뒤 대전에 가서 원주스님의 물품 구입에 대한 협조를 하였다. 그리고 현대한국문학전집(18권)과 『한국의 인간상』(전6권) 등 주로 책을 많이 사서 오후 5시경에 돌아왔다.

노을을 등지고 / 달을 벗 삼아

6월 28일

토요일

晴

울산포교당(해남사) 홍언 스님이 울산포교당에서 간행한 『금강경』 5권을 보내왔다. 그렇지 않아도 울산 갈 때마다 번번이 신세를 끼치는데, 또 과분하게 책까지 보내주니 무척 고마운 일이다. 나는 책을 주지스님, 재무스님, 원주스님, 송원 스님 등에게 나눠드렸다. 감사하다는 회답이나 보내야겠다.

종정 윤고암 스님께서 책을 보내줘서 감사하다는 회답을 보내셨다.

사중에서 봉행 중인 천일기도가 내일로 만 1주년이 된다. 그래서 1주년 기념에 참석차 신도님들이 모여들어 약간 분주하다.

6월 29일

일요일

晴

오늘은 천일기도 1주년 기념일이기에 휴강을 하고, 오전 10시부터 대웅전에서 산중 대중과 각처에서 온 손님들이 운집한 가운데 기념식을 거행하였다. 주지스님의 법문에 이어 상공上供, 시식施食 등으로 낮 12시에 모두 식을 마쳤다.

간밤에 메마른 대지에 단비가 내렸다. 흡족한 것은 아니나, 가물던 차에 촉촉이 내려서 법우法雨가 불사 공덕을 찬하는 것 같았다.

울산포교당에 계시는 홍언 스님께 감사의 회답과 『조주어록』을 근송하여 보답의 뜻을 표하였다.

노을을 등지고 / 달을 벗 삼아

7월 6일

일요일

晴

오늘은 화사한 날씨였다. 그렇게 기대하던 빗방울은 땅을 겨우 적시다가 말았으므로 안타까운 마음은 없지 않았으나, 한편 산책하기에는 좋은 날이었다. 그래서 오전에 강의를 끝내고 송원 스님과 함께 복천암福泉庵에 갔다. 거기서 점심을 먹고 상환암上歡庵을 다녀 오후 3시경에 왔다.

보은 성모병원 미원 신부님과 정 수녀님 외 두 수녀님이 오셨다. 월만 스님 출타 중이라 대신해서 내가 안내와 약간의 대접을 과히 섭섭지 않게 해드렸다. 나도 그분들에게 신세를 많이 졌으니 말이다.

7월 9일

수요일

晴

작년에 입적하신 금오金烏(1896-1968) 노스님의 부도 완공식을 오후 4
시부터 가졌다. 온 산중 대중이 참석한 가운데 탑塔이 되었다.

오늘은 활짝 개었다. 비가 좀 더 내리고 개었으면 하는 아쉬운 감이 없
지 않다. 어저께 장마가 계속될 듯 생각한 것도 오산이었다.

오늘 배구를 하다 다리를 다쳐서 제대로 딛지 못하겠다. 다리가 나을
때까진 예불을 못하겠다.

7월 11일

금요일

曇

다리는 거지반 나았는데 오늘 또 배구를 하다가 손을 다쳤다. 모든 것에 침착성을 잃지 말아야 하는데, 나는 그렇지 못하는 모양이다. 조그마한 운동이지만 모든 생활이 연관성을 띠고 있다는 것을 감안해 볼 때 여기의 실수가 곧 다른 생활에도 미치는 일분자一分子로 봐야 할 것이다. 그 때문에 소홀히 여길 수 없으며, 앞으로 생활에 더 침착해야겠다.

종상 수좌가 발우를 부쳐줘서 감사하다는 편지를 하였다. 지금 진주시에서 떠나 지리산에 가는 중이라나. 토굴 생활이 될 것.

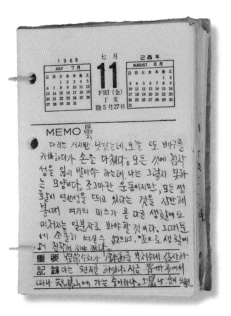

사제 종상 스님과 함께

7월 15일

화요일

曇

오전 9시경 총무, 교무스님과 함께 관광호텔에서 열린 세미나를 방청
하였다. '문화재 보전과 전승'이란 주제 하에서 제3분과에서 다루었는
데, 그 문제에 대해서는 문화재를 많이 보유하고 있는 사찰 측에서 직
접 언급하여야 할 것이 많다. 그런데도 불교측에서는 한 사람도 참석
을 못 하였으니 매우 자탄自嘆을 불기不己하겠다.

오후 2시경에도 세미나 방청차 송원, 월만 스님과 갔다가 제2분과에
서 들었다.

7월 17일

목요일

晴

중부지방에 집중적인 폭우로 많은 수해가 났다는 소식이다.

강의 후 송원 스님과 천룡암에 갔다. 빈집이라 우리가 각 방마다 불을 넣고 방문도 활짝 열어 일광을 시켰다. 점심은 간단히 라면으로 먹고 솥에 더운 물로 목욕을 하였다. 옷도 자유로이 벗고, 원시 인간으로 돌아간 느낌이었다. 참으로 걸림 없었다.

한국보육원 황온순 여사가, 『조주어록』을 보내줘서 감사하다는 편지를 하였다.

인류의 신비 '달' 정복의 아폴로 11호가 어젯밤 10시 32분에 발사되었다는 경이의 소식이다. 과연 예상대로 성공될지가 궁금하다.

노을을 등지고 / 달을 벗 삼아

7월 19일

토요일

雨

장맛비 속에서 지루한 하루였다. 습기 찬 공기는 나의 몸을 짓눌려 버렸다. 주지스님의 부촉으로 송원 스님이 대필하여, '종단은 사부대중의 것'이란 표제하에 글을 썼는데, 나도 훑어보면서 조언도 하였다. 내용은 물론 주지스님 말씀에 따른 것이며, 주지스님께서 직접 보고 「불교신문」에 게재할 모양이다. 상당한 반성을 요하는 글이다.

7월 22일

화요일

曇

전 인류의 열광 속에 아폴로 11호가 어제 무사히 달에 착하여 우주인이 첫발을 내딛었다고 신문에 대서특필로 보도하였다. 여태 신비로만 여겨왔던 달의 관념은 변하게 되었고, 역사의 관점도 많이 달라질 것이다. 어쨌든 과학의 상승은 이로써 한층 입증되었다.

나는 요사이 와서 늘 몸이 좋지 않았지만, 오늘은 특히 더하다. 이젠 성모병원의 약을 먹고도 효험이 없어보인다.

노을을 등지고 / 달을 벗 삼아

7월 23일

수요일

晴

한낮부터 맑게 개인 날씨는 본격적인 기염을 토하듯 무척 더웠다.

강의 후 감자 캐는 운력을 하였다.

『현대문학』 및 『신동아』 8월호를 구입하였다. 이번에 특별히 『신동아』
를 구입한 것은 만해萬海 한용운韓龍雲(1879-1944) 스님의 전기가 실려
서 보기 위해서다. 독서는 현대한국문학전집(18권)에 눈을 돌려 이제
읽는다.

7월 24일

목요일

曇

오늘은 중복이다. 이제 가장 무더위에 들어선 것이다. 그리고 오늘을
복날이라 하여 예부터 더위를 이기기 위한 결속의 뜻에서 음식을 걸
게 먹는다. 우리도 사중에서 찰떡을 해줘서 잘 먹었다.

『신동아』에 실린 한용운전을 읽고 한층 감명을 느낀다.

틈나는 대로 책을 읽으며 손에서 책을 놓지 않았다

8월 1일

금요일

曇

학생 수련은 오늘로 마치고 모두 오전에 귀가歸家했다. 종립학교 연합회 교직원 수련을 이곳에서 또 갖는다고 김동익, 이재복, 이종익 등 명사들이 왔다. 수련은 내일부터며 참가자는 약 50명이란다. 이 기간에는 우리 강의는 쉬고, 대신 청강을 전적으로 하기로 하였다. 공부에 도움이 많이 있을 것 같다.

노을을 등지고 / 달을 벗 삼아

8월 2일

토요일

雨

종립학교 교직원 수련식을 오전에 갖고 강의에 들어갔는데, 김말복金末福, 이재복李在福, 이기영李箕永, 이종익李鍾益 등 선생들께서 순서대로 강의하였다. 모두 이름있는 분들이라 배울 점이 많다고 생각했다.

8월 7일

목요일

雨

오늘 6~7월분 중강 잡비를 받았다. 그새 휴강했던 강의를 오늘부터 개강하였다.

여름 들어 내리기 시작한 비는 갤 줄 모르고 줄곧 흐린 날씨에 빗발이 내려 개인 집은 물론 국가적 손해도 많다. 더구나 인명의 손해도 많다니, 슬픈 소식이다. 언제 장마가 끝나고 개일 것인지….

이번 수련차 왔던 동대 교수들이 두고 간 바둑을 얻어서 심심풀이로 몇 번 했으며, 앞으로도 울적할 때는 가끔 해볼 생각이다.

노을을 등지고/달을 벗 삼아

8월 9일

토요일

晴

젊은 층의 존경을 받아온 분 중에 한 분이신 혜정慧淨(1933-2011) 스님
이 그동안 먼 태국 사찰에서 1년여간 수행하다가 이번에 귀국하여 본
사에 계실 생각으로 오셨다. 대단히 반가운 일이다.

잡상인 경내 단속을 주지스님께서 강력히 지시하셨다. 오늘부터 철저
히 단속에 나섰다.

오후에 산책차 관음봉까지 가서 쉬면서 독서도 하였다.

8월 10일

일요일

晴

산중(수정암) 대중이 전원 참석하여 오전 8시부터 약 1시간 동안 혜정 스님으로부터 태국불교 현실을 들었다. 태국은 '삼보三寶의 나라'라는 전제하에 번성한 태국불교의 이모저모를 자세히 설명하셨다. 참 부러운 나라다.

귀국 도중에 일본에서 기증받은 『화엄절요華嚴節要』를 혜정 스님으로부터 선사받았다. 더더구나 귀중한 책이고 보니 더욱 감사한 마음이 솟구친다.

8월 14일

목요일

晴

혜정 스님과 함께 오전에 천룡암에 다녀왔다. 혜정 스님이 그곳에서 칠일간 기도하신다고 저녁 공양 후 올라가셨다.

대동상고大東商高 수련생들이 러닝과 타올을 대중들에게 하나씩 돌렸다. 나도 그 덕분에 얻었다.

서울 이봉수李奉洙 씨에게서 학인이 주문한 『서장』을 보냈다는 편지를 하였다.

청담靑潭(1902-1971) 스님이 12일자로 종단을 탈퇴하였다는 성명이 발표되므로 각 신문마다 대서특필로 떠들썩하다.

8월 15일

금요일

晴

오늘은 24년째로 맞는 조국의 광복절이다. 외형적인 일제의 쇠살은 이
날로 되찾았다고 하겠으나, 아직도 눈에 아련히 가려진 자주성의 독
립은 사대와 모방에서 흐려만 있는 것 같다.

나의 지병은 보은 성모병원의 복약이 떨어지자 또다시 고개를 치켜든
다. 그새 오랫동안 몸서리치게 앓아온 숙환이다. 염치없이 약만 줄곧
먹을 수도 없는 형편인데, 병은 낫지 않으니 참으로 큰일이다. 지금 심
정은 만사가 귀찮을 뿐이다.

노을을 등지고 / 달을 벗 삼아

8월 21일

목요일

晴

일본 용곡대학龍谷大學 조교로 있는 젊은 불교학도가 이종익李鍾益 선생의 안내로 왔다. 샅샅이 고찰을 다니면서 불교 문헌을 수집收集하는 진지한 학자적인 태도가 감명 깊다.

8월 24일

일요일

晴

그새 배워온 『서장書狀』이 막 끝나려니 그에 대한 보답인지 학인스님들이 은수저 한 벌을 선사해 왔다. 무척 감사하다. 그리고 『서장』을 처음 교수해서 마쳤다는 의의에서 나에게는 길이 기념거리다. 이제 며칠만 더 교수하면 『서장』은 완전히 끝난다.

노스님의 유물 라디오를 사리각 빈틈에 잃어버렸다. 주지스님께서 길이 보전하셔야 할 것을 잃어버렸으니 섭섭하다.

노을을 등지고 / 달을 벗 삼아

8월 27일

수요일

晴

지루하게 기다리던 해제일이다. 오전에 세 명이 수계했다. 사시 해제 불공 시 내가 바라지를 하였다. 오후 2시에는 주지스님의 법문이 있었다. 그리고 기념 촬영을 하는데 언짢아서 나는 참여를 안 했다.

화엄사華嚴寺에 있는 줄 알았는데 상주 심원사深源寺에 있다고 대우 법우로부터 편지가 왔다.

9월 6일

토요일

晴

불국사, 석굴암, 울산, 은적암, 안일암 등지를 다녀 8일 만에 왔다. 좀
더 다니고 싶었지만 은사스님의 총무원장 피선被選 소식으로 얼른 돌
아온 것이다.

화장월華藏月·법명法明 님은 나에게 언제나 따뜻이 대해주는 분이다.
좋은 일도 있었지만 시간과 여비도 많이 낭비하였다. 그리고 등산용으
로 갖고 싶었던 망원경을 샀다.

송원, 덕민, 도훈 스님 등으로부터 편지를 받았으므로 회답을 해드려
야겠다. 그리고 이번에 다녀온 데도 감사한 편지를 써야겠다.

노을을 등지고 /달을 벗 삼아

9월 11일

목요일

晴

내일로 개학이 박두迫頭하였다. 여태껏 가르치는 책을 보지 않았기에 오늘 갑자기 쉬었다가 보려니 진땀이 난다. 더구나 두 패(『초심』『도서』)라 힘이 든다. 이젠 교수 책만 봐도 바빠서 내가 즐기는 책을 읽기엔 시간이 좀처럼 나지 않을 것 같다.

주지스님은 그새 거부하던 것을 번의飜意하고 총무원장에 취임할 모양이다. 그 때문에 오늘 월탄 스님과 함께 출타하신 것 같다.

희랑대希朗臺 종원 스님이 이곳 소식을 물어왔기에 회답해 드렸다.

9월 14일

일요일

雨

요사이 한참 가물었는데, 오늘 메마름을 적시는 가을비가 촉촉이 내렸다. 가을이 여물어 가는 초가을. 나의 마음은 여운을 안고 계절과 함께 푸르르고 맑기만 하다. 늘 관객이 찾는 이곳도 오늘은 찬찬히 내리는 빗방울처럼, 산사의 정경도 조용하여 태고의 본 자세를 찾아볼 수 있었다. 이럴 때는 부담감이 없는 문학 서적을 읽고 싶지만, 나의 형편이 그렇게 되지 않는 것이 마냥 불만스럽다.

노을을 등지고/달을 벗 삼아

9월 18일

목요일

晴

상환암 가는 아래에 속인이 무허가로 집을 지은 것을 철거하라는 사
중 방침에 따라 입승立繩과 두 학인을 대동하여 오전에 갔다. 마침 집
주인이 없어 상환암에서 쉬었다가 점심을 그곳에서 먹고 오후 1시쯤
집을 뜯어버렸다. 애걸하면서 울부짖는 여인을 보니 나는 가슴 아팠
다. 공무이지만 집을 뜯는 것은 잔인하다는 생각으로 슬펐다.

두 학인이 제멋대로 돌아갔다. 학인이 모여 공부를 잘해 주기를 바랬
더니, 또 이렇게 흩어지는 것은 무슨 일인가.

9월 20일

토요일

晴

오전에 천룡 스님과 복천암에 가서 그곳에서 점심 공양을 하고 2시경
에 돌아왔다.

이번 주 「불교」지에 은사 월산 스님의 총무원장 취임 소감이 보도되었
다. 기왕 취임하셨으니 잘 하리라고 문인의 한 사람으로서 바라는 심
정 간절하다.

은사 월산 스님을 모시고 학인스님들과 함께한 모습

9월 22일

월요일

曇

어쩐지 요즘 와서는 더욱 우울해진다. 단풍이 들어가는 가을의 처량함 때문인지도 모르겠다. 그리고 전공인 불교학은 점점 갈수록 어려워진다. 차라리 모르겠다는 표현이 더 알맞을 것 같다. 문학 책도 늘 뒤지고 있지만 학문에 진척이 하나도 따르지 않는다. 그러나 내가 지금 당장 가야 할 길은 이 두 길임을 느끼면서 그저 묵묵히 걸어가야겠다.

노을을 등지고/달을 벗 삼아

9월 24일

수요일

雨

은사스님의 총무원장 진산식晉山式이 조계사에서 거행된다는데, 제자
의 한 사람으로서 여러 가지 사정 때문에 참례치 못함을 못내 죄스럽
게 생각한다.

오늘로 며칠간의 종강을 고했다. 이틀만 지나면 추석이요, 또 잇따라
노스님의 소상일小祥日●이므로, 아마 4~5일간은 휴강을 하여야 할 것
같다.

● 사람이 죽은 지 1년 만에 지내는 제사.

9월 26일

금요일

晴

못내 그리던 추석이다. 오늘은 집보다도 등산으로 추석을 즐길량 서경수, 안진호 두 교수와 학인스님들 몇 분하고 등산을 멋있게 하고 오후 5시경에 돌아왔다.

노스님의 소상일 참석차 많은 스님과 신도님네가 벌써부터 오기 시작했다. 저녁에 여기에 대비한 방과 행사를 대략 상의하였다.

노을을 등지고 / 달을 벗 삼아

9월 28일

일요일

晴

일주기 소상小祥 추모식과 부도 제막식은 사부대중이 많이 참석한 가운데 오전 9시 반부터 시작해서 약 두 시간 정도 거행되었다. 점심 공양에는 마을 사람들과 구경꾼 등 어중이떠중이 많이 와서 더욱 분주했다. 나는 특히 밥상에 대한 책임을 맡았으므로 어제오늘 양일간은 쓸데없이 바빴다. 점심 공양 후 가신 분도 있으나, 아직 남았다. 저녁 예불 후에는 문중회의도 간단히 하였다.

9월 30일

화요일

雨

오늘부터 다시 개강했다. 『자경문自警文』과 『도서都序』. 『도서』는 행상이 까다로워서 지도에 여간 곤란스러운 게 아니다.

덕민 스님한테서 편지가 왔다. 여러 가지 정다운 사연과 일상생활상을 한 폭의 그림처럼 짜임새 있는 글로 적었다. 그리고 보내준 책도 잘 받았다고. 덕민 스님의 풍성한 인정에 고개 숙인다.

오늘도 가을비가 제법 내렸다. 첫 여름부터 내린 비는 정도에 지나치게 넘쳐, 인명과 재산에 손해를 가져왔다. 지정없이 짓궂게 내리는 비에 이상스런 짜증이 치솟는다. 비야! 체면이 좀 있으라.

10월 2일

목요일

晴

아침 공양 때 학인들의 일상생활을 낱낱이 뒤지면서 좀 더 잘해달라는 간곡한 부탁을 예를 들면서 하였다.

9월분 중강 잡비 5,000원을 탔다. 그 돈을 떼서 노스님 부도탑 건립에 2,000원 올렸다. 적으나마 성의를 표했다고 할까.

혜정 스님은 복천암에서 조용히 지내겠다고 올라가셨다. 먼 곳은 아니지만 여러 면에서 존경해 온 분이고 보니 더 가깝게 지내지 못한 점이 서운해진다.

대원 스님이 보은 속가에서 지내겠다고 가셨다. 노경에 깊이 드신 지금에 왜 이렇게 속가로 가시는지 진의를 모르겠다.

10월 4일

토요일

晴

이제 관람객이 많이 찾아든다. 그 때문에 고요하여야 할 도량은 소음
으로 뒤덮인다. 비교적 아침 일찍부터 시작하는 강의 시간에도 왈짝
하게 떠드는 소리 때문에 여간 방해롭지 않다. 그러나 수도장이 유흥
장으로 변한 것이 현 한국의 유수한 사찰 형편이고 보니 어쩔 수도 없
다. 이것도 가람이 시대에 따라 달라진 금석今昔의 차를 여실히 보여
주는 것이라고 하겠다. 하여간 지금은 달갑지 않은 형상이다. 참된 불
교의 진면목이 살아나지 않을까, 나는 가을이 익어가는 계절에 부질
없는 생각을 가져본다.

노을을 등지고 / 달을 벗 삼아

10월 7일

화요일

晴

대우 스님이 가신다고 하기에 기념 촬영을 하였으며, 용돈을 500원 드렸다.

경기도 화운사華雲寺 비구니 강원의 학인스님들이 14명 오셨는데, 내가 그분들에게 도량 안내를 해드렸다. 강의 후에 등산도 함께 가서 산에 길잡이 노릇도 맡아 하였다. 좀 늦게 출발했기에 등산 속도를 빨리 하였다. 하여간 학인스님들과 유쾌한 하루를 즐겼다.

혜기 스님이 팔상전捌相殿● 준공식 참석차 오셨다. 오랜만에 만나게 된 것이 우선 반가웠다. 하여간 나와는 퍽 친한 사이라서 더욱 그렇다.

● 법주사 경내에 있는 조선 시대의 목조 건물로 우리나라 유일의 목조 5층탑이다. 높이는 22.7미터이다. 벽의 사방에 각 면 2개씩 모두 8개의 변상도變相圖가 그려져 있어 팔상전이란 이름이 붙었다. 국보 제55호.

10월 10일

금요일

晴

삭발 목욕하는 날이라 덕분에 오늘도 휴강하였다. 이번 팔상전 준공식을 기하여, 그러니까 연삼일간 휴강한 셈이다. 삭발은 어제 대전에서 한 때문에 목욕만 하였다. 그리고 여름 사리 옷을 오늘 말짱 빨아서 손질하였다.

며칠 전에 대우 스님과 촬영한 사진을 찾아서 편지와 함께 보내드렸다.

오늘은 학생 두 패나 상대하여 배구 시합을 가졌다. 우승으로 성적은 좋았으나, 늘 수행인다운 태도가 우리 대중들에게 아쉽게 느껴졌다.

노을을 등지고 / 달을 벗 삼아

10월 11일

토요일

晴

가을 소식을 전해 달라는 덕민 스님께 편지를 띄워드렸다. 종상 수좌에게서 편지가 왔는데, 자기가 두고 간 소지품을 학인스님들에게 나눠 주라는 것. 그래서 형편을 참작하여 나누면서 영어책은 내가 가졌다.

오후 4시경 나는 대중 운력이 있는 줄도 모르고 학인들과 어울려서 배구를 했는데, 재무스님은 그것이 못마땅하여 입승스님을 책망했다 한다. 이유가 어떻든 간에 대단히 미안한 일이다. 그래서 입승을 불러서 피차간의 잘잘못을 사과하고 이해시켰다.

10월 16일

목요일

晴

정기두 교수가 어제 빌려간 책을 갖고 오전 10시경에 왔다. 다시 그분과 담론을 하였다. 『보경삼매寶鏡三昧』*는 더 봤으면 하기에 갖고 가서 보고 부쳐달라고 약속하였다. 그리고 많은 교류를 갖기로 하였고, 이리에 오는 걸음이 있으면 자기에게 들러달라는 부탁과 명함을 두고 갔다.

전 주지이며 총무원장인 은사스님이 오늘 오셨다. 아마 내일 국민투표를 등록된 곳에서 하실 양으로 오신 모양이다. 은사스님이 오랜만에 오셨는데도 어쩐지 서먹한 생각만 날 뿐 정답게 말씀 올리고 싶은 마음이 내키지 않는다. 언제나 마찬가지로….

● 당唐의 동산양개洞山良价(807-869) 선사가 지음. 조동종曹洞宗의 요점을 4언 94구 376자로 드러낸 짧은 글로, 본체와 현상의 조화와 융합을 밝힘. 『인천안목人天眼目』 3권에 수록되어 있음.

법주사 참배 기념, 1972년

10월 17일

금요일

晴

많이 궁금하였는데, 다행히 오늘 울산 법명 스님의 편지가 왔다. 전번 수해가 절에도 있었다는 안타까운 참상도 알려주셨다. 나는 그것도 모른 채 지나온 자신이 퍽 송구스럽다.

어제로『자경』패는 끝이 났다. 그래서 오늘 하루는 쉬고 내일부터『치문』에 들어가기로 하였다.『자경』을 가르칠 때는 큰 부담을 느끼지 않았는데, 어려운『치문』을 대하고 보니 부담감이 들며, 두 패를 지도하는 것도 여간 힘이 겹지 않다. 늘 시간에 쫓겨야 할 판이다.

오늘은 삼선개헌三選改憲●을 전제한 국민투표일이다. 전국 방방곡곡에서 떠들썩할 것은 사실이다. 나는 무관심 속에 가만히 웅크리고 지났다.

● 1969년 우리나라에서 한 사람이 대통령에 세 번까지 선출될 수 있도록 헌법을 개정한 사건.

노을을 등지고 / 달을 벗 삼아

10월 21일

화요일

曇

어려운 『도서』와 『치문』을 강의하려니 여간 힘든 것이 아니다. 『도서』
는 문맥보다도 행상에 까다로워서 그의 심리를 해석하기가 어려운 일
이며, 『치문』은 인용이 많은 난문으로 특색을 이루고 있기에 그것 역
시 풀이하기는 쉽지 않은 일이다. 보통 두 시간 이상 강의하는데 오늘
은 세 시간 이상 계속 강의를 하였더니 여간 피로한 게 아니다. 그 때
문에 요즘은 내가 즐겨 읽는 책도 볼 시간이 나지 않는다. 지금 하고
있는 일이 보람있는 일인지 어떤지 가끔 곰곰이 생각한다.

10월 22일

수요일

晴

낙엽이 한창 떨어지는 계절이라 도량 청소는 한껏 늘어만 간다. 거기에다 질양없는 관람객이 마구 버리고 간 종이 나부랑이까지 합치고 보니 아침 일로는 힘에 겨운 큰 일이다. 식전에 한 시간 이상 청소를 하려면 제법 노곤해진다. 그 때문에 아침 공양과 강의는 늘 쫓기는 속에서 전개가 된다. 어서 가을이 지나 낙엽이 지고 관객도 오지 않는 겨울이 왔으면 하는 뜬생각을 가져본다. 겨울은 우리 사문에게는 자유의 계절이니 말이다.

노을을 등지고 / 달을 벗 삼아

10월 23일

목요일

晴

요사이 계속 강의에 쫓겨 왔는데, 내일은 삭발 목욕일이라 덕택에 마음 놓고 책에서 잠시나마 벗어나게 되었다. 매일 오전엔 강의를 하고, 오후에는 내일 교수 준비에 여념이 없이 바쁘게 지낸 나의 일과였으니 말이다.

서경보徐京保(1914-1996)● 스님의 손상좌 되는 학인이 입방하였다. 치문반에 들겠단다. 비구·대처승 간에 끌어오던 시비가 대법원에서 비구승의 승리로 판결났다는 소식. 이제부터 참으로 내부 정화를 할 때라 여겨진다.

● 해방 이후 해인대학 교수, 동국대학교 불교대학장 등을 역임한 학자. 한때 조계종 원로의원을 지내기도 했던 그는 1988년 대한불교 일붕선교종一鵬禪教宗을 창종하면서 조계종단을 떠났다.

11월 2일

일요일

晴

늦은 가을이 저물어 가고 있다. 공부하기에는 가장 좋은 때 같다. 요란을 피우는 관객도 이젠 점점 줄어들고, 계절의 풍경이 주공做工의 기운을 불어 넣어주니 말이다. 그런데, 나는 불행히도 몸이 약한데다가 날로 양이 많아지는 강의를 하려니 내가 하고자 하는 공부에는 시간이 나지 않는다.

노을을 등지고 / 달을 벗 삼아

11월 7일

금요일

曇

오후 2시경에 산화山火가 수원지 부근에 나서, 학인을 비롯하여 대중이 함께 가서 끄고 왔다. 가랑잎이 쌓인 마른 날씨에 불붙기에는 가장 알맞은 계절이다. 오늘은 마침 바람이 불지 않아서 얼른 끌 수 있어 피해는 많지 않았다. 관광객이나 등산객이 방화의 소지인 듯하다.

누구인지는 알 수 없으나, 특히 요즘은 산화를 조심해야겠다. 팔공산과 강원도 등지에서는 산화로 많은 피해가 났다는 안타까운 보도를 접하고 보니, 더욱 불을 주의해야겠다고 느껴진다.

내일은 삭발 목욕으로 휴강을 하기에, 강의에 쫓기던 마음을 풀고 한가롭게 책을 볼 수 있겠다.

11월 15일

토요일

雨

다니느라고 쉬었던 강의를 오늘부터 다시 개강하였다.

산내 탈골암脫骨庵● 스님(대처승)이 감나무에서 떨어져 숨을 거두었다.
부인이 사는 마을로 시체를 옮겨가고 절이 비었다기에 점심 공양 후에
주지스님과 가봤다. 산내에서는 한적한 좋은 도량이라 느껴지며, 이렇
게 버려둘 곳이 아님을 다시금 주지스님과 얘기하였다.

수학여행 왔던 원광대 학생이 주지스님을 은근히 따르며 원불교 신문
과 잡지를 보내오는데, 주지스님께서 나에게 보라고 모두 주신다.

● 대한불교조계종 제5교구 본사인 법주사의 산내암자이다. 720년(성덕왕 19)에 창건하였고,
776년(혜공왕 12) 진표율사眞表律師가 중건하였다.

노을을 등지고 / 달을 벗 삼아

11월 22일

토요일

晴

내일은 삭발일, 모레는 동안거 결제일이므로 이틀간은 휴강하게 되었다. 나는 지금껏 휴강이라는 것을 너무나 오인하면서 살아온 것 같다. 휴강은 단순한 휴식이 아니고 보다 나은 내일을 다짐하는 준비 기간인데도 불구하고 휴강이란 것을 미끼로 하여 팽팽히 시간을 흘려 보냈으니 말이다. 오늘도 나는 배구와 바둑으로 흐트려 지냈다. 좀 반성을 해야겠다.

11월 25일

화요일

晴

오늘은 동안거 결제일이다. 결제에 참석하시러 은사스님(총무원장)께서
바쁘신데도 불구하시고 아침 일찍이 오셨다. 그래서 빨리 서둘러 우선
수계식부터 8시에 시작하였고, 이어 법문을 간단히 하셨다. 수계자는
7명이고 법문은 수정암 대중까지 참석하여 청법하였다. 원장스님은 식
후 잠깐 쉬시다가 이내 10시에 서울로 또 올라가셨다.

오후 1시에 대방에서 대중이 방榜을 짰다. 나는 여기에서 중강을 내어
놓고 그냥 강의만 할 것임을 밝혔다.

노을을 등지고 / 달을 벗 삼아

11월 30일

일요일

晴

간밤에 눈이 포근히 내렸다. 이렇게 많이 내리기는 겨울 들어 처음이다. 하얗게 덮은 백설은 나뭇가지마다 꾸밈없는 조화를 이루어 놓았다. 고요한 산곡의 설경은 선계처럼 한층 돋보인다. 이젠 참겨울이 본격적으로 도래한 감이다.

송원 스님이 오기로 약속한 날은 벌써 며칠이 지났다. 그새 무슨 용무가 있어 그런가? 나로선 기다려지는 바 많다. 오늘도 저문데, 오시지 않을 모양이다.

12월 5일

금요일

晴

오늘로써 『선요禪要』를 종강하였다. 『절요節要』는 생략하고 바로 『능엄
경楞嚴經』을 하기로 했으므로 사집四集*은 오늘로써 완전히 마친 셈이
다. 『능엄경』은 음력 11월 1일부터 시작하기로 하였다.

말레이시아에서 온 스님이 어젯밤에 와서 자고 오늘 오전에 떠났는데,
강의 중에 들어와서 청강하였다. 오늘 『선요』를 마친 학인들은 노전
큰방으로 분가해 나갔다.

서울에서 와서 수양 중에 있는 임인식 선생이 오늘도 오후에 와서 장
시간 진지하게 얘기하고 갔다.

● 강원에서 사미과沙彌科 다음에 배우는 과목으로 『서장書狀』 『도서都序』 『선요禪要』 『절요節
要』이다.

12월 6일

토요일

曇

간밤 12시경에 느닷없이 부르짖는 소리가 나서 나가보니 학인 한 명이 술을 먹고 행패를 부리는 것이 아닌가. 더구나 속인을 때리고 좌충우돌하면서 주정하는 꼴을 보니 기가 차 말이 나오지 않았다. 이 일 때문에 주지스님 이하 여러 큰스님들이 모두 걱정을 하였다. 새벽에 큰스님들과 함께 가서 그 학인을 깨워서 쫓아버리고 말았다.

12월 9일

화요일

晴

오늘부터 『능엄경』을 강의하기로 하였는데, 학인 중에 향토예비군 훈
련으로 나가야 하고, 또 출타한 학인이 아직 돌아오지 않았으므로 강
의를 내일로 미루었다. 그 때문에 한가한 시간이 많아서 여유있게 성
미에 맞는 책을 볼 수 있어서 퍽 좋았다.

엊그제 관악산 연주암戀主庵에 있는 광혜 스님이 와서 종진 수좌의 퇴
거를 부탁하였다. 아침절에 김 과장에게 해줄 것을 위탁했는데 아직
안 한 모양이다.

12월 10일

수요일

雪

오늘부터 『능엄경』을 강의하였다. 본 강원에서는 물론, 딴 데서도 경을 강의한 적은 없다. 이제부턴 본격적인 강사 노릇을 하는 감이 든다. 그리고 나의 생애에 있어서 잊지 못할 상승의 전환점이기도 하다. 그런데 힘에 겨운 강의에 덧붙여 장시간 동안 지껄이려니 여간 피로가 겹쳐오지 않는다. 그래도 참고 『능엄경』만 치르고 나면 나의 강의에도 틀이 잡힐 것만 같다.

일전에 광혜 스님이 와서 부탁한 종진 수좌의 퇴거증과 편지까지도 써서 보냈다.

12월 23일

화요일

晴

얼마 전에 운허 스님께 그새 지낸 안부와 장로에 추대된 데 인사 겸 나의 수강하는 근황 등을 편지로 말씀드렸다. 오늘 감명을 깃들게 하는 회답을 주셨다. 특히 수강하는 태도와 방법, 그리고 성의껏 노력을 무겁하라는 정성어린 말씀으로 후배를 달래듯 경책을 해주셨음에 너무나 감격에 찬 은혜로움이 느껴진다. 마음 깊이 새겨야겠다.

석공 후 모처럼 사리각 혜정 스님께 가서 여러 가지 현실과 이상에 관한 문제점들을 헤치면서 진지하게 얘기를 나누었다.

노을을 등지고 / 달을 벗 삼아

12월 25일

목요일

晴

예수의 탄생일이기에 보은 성모병원에 나가서 수녀님들에게 축하의 뜻을 표하려고 월만 스님과 약속하였다. 그런데 의외에 중사자암中獅子庵의 무진 스님이 오셔서 산 넘어 미타암에 등산 겸 행각行脚이나 하자고 하신다. 청에 못 이겨 이곳 혜정 스님과 셋이서 오공午供 후에 떠났다. 이렇게 큰스님들을 모시고 길을 떠나기는 퍽 드문 일이며, 그분들의 얘기 속에 젖어들어 힘든줄 모르게 산을 넘었다. 처음 가는 길이라 약간 헷갈리기도 하였으나 비교적 잘 찾아갔다. 미타암은 성관 스님이 주지이나 비구니스님들도 함께 사는 좀 드문 절간 풍경이다. 도량이 말끔한 것으로 봐서 상당히 알뜰한 살림임을 알 수 있었다.

12월 27일

토요일

晴

그새 포근하던 날씨가 어제부터 갑자기 기온이 하강하더니 오늘은 절정에 이른 듯 맹추위가 위세를 떨친다. 나는 방 안에서 조용한 하루를 단조롭게 보냈다.

매주 토요일마다 강원 휴일로 정했으면 하는 학인들의 요청에 나도 허락하였고, 사중에서도 동의를 하는 모양. 그래서 오늘부터 정식으로 휴강을 하였다. 아닌게 아니라 계속 강의를 하려니 힘겨웠는데, 나로서는 대단히 좋다.

해인사에서 대중이 부식이 나쁘다는 이유로 총무와 재무를 구타하였다고 크게 보도되었다. 끔찍스러운 불상사다. 피차가 성의를 보임이 인색한 것인 듯.

노을을 등지고 / 달을 벗 삼아

12월 28일

일요일

雪

요즘 늘 몸이 좋지 않아 상당한 고통이 따른다. 벌써 이렇게 고통을 받아온 지 오래되도 약을 쓰거나 진찰을 해도 정확한 증상과 병명을 알 수 없어 애만 탈 뿐 얼얼하게 지낸다. 그 때문에 공부도 제대로 하지 못한다. 오늘도 오후에 탄성, 혜정 스님과 천룡암에 가서 놀다가 라면을 먹었다. 전혀 공부를 못한 채 시간을 허비하였다. 어쨌든 몸이 낫지 않는 한 마음 놓고 공부하기에는 힘든 일이며, 암담해진다.

12월 31일

수요일

晴

다사다난했던 1969년도를 고스란히 보냈다. 한 해를 돌아보건대, 도무지 한 것이 짚이지 않는다. 이것은 바로 실속이 없었다는 것이다. 그전 세월에 비해서는 그래도 나은 편이라 하겠다. 딴에, 강석講席을 처음으로 맡아 계속 이끌어온 것이라든지, 나의 취미인 문학책을 어느 정도 읽었으니 말이다. 명년에는 보다 과감하게 나의 학과에 정진을 쌓아야겠다. 보람이 있게끔 해야겠다.

송구送舊를 기념하여 휴강을 하고, 낮에는 마지막으로 등산을 하였다. 저녁에는 대중과 함께 윷놀이도 하면서 망년을 즐겼다.

노을을 등지고 / 달을 벗 삼아

제3장

속리산 법주사

국립공원과
사원

현대문명의 공업화, 기계화에 따라 오늘날 인간이 그리워하는 것은 발길이 닿지 않은 자연이다. 숨막히는 빌딩이나 공장의 파열된 금속성은 흐려진 정신에 피로와 부담으로 다가온다. 우뚝 솟은 바위나 숲이 우거진 고색창연古色蒼然한 산사의 정경은 메마른 세정世情을 촉촉이 적시기에 족하리라. 예부터 명산대찰名山大刹로 이름이 높은 이곳 속리산俗離山도 예외일 수는 없다. 더욱 국립공원으로 지정된 오늘날에 와서는 어느 고장보다도 국민의 관심이 크고 나그네의 길손도 잦다.

하지만 국립공원과 사원이란 주제를 두고 생각해 볼 때 문제는 매우 심각해진다. 단순한 놀이터나 관광지의 공원이라면 오락시설과 휴게소로도 충분할 것이나, 역사와 전통을 지닌 성스런 수도원이란 대조적인 연관성을 갖는 특수한 지대임을 망각할 수는 없다. 더욱이 귀중한 문화유산을 간직한 사원은 우리민족의 자랑이요 얼이 담긴 성역이다. 도시 생활에 지친 사람들에게 싱싱한 생명력을 일깨워 주는 울창한 숲도 사원의 소유요 또 사원으로 인해 푸르러진 것이다. 본격적인 공원 시설을 구상하는 당국도 이러한 사원의 이미지를 언제나 감안해야 한다. 이렇게 사원이라는 특수한 성격을 살려 조화로운 공원으로 등장할 때 우리가 바라는 이상적인 공원이 될 것이며 또 그렇게 되어야만 국가 재산이 가치 있게 될 것이다.

산사에 사는 우리들도 차원 높은 성역으로 순화시키기 위해서는 건물의 중건·중수와 법당 단청, 도장 미화, 담장 등 힘에 벅찬 대불사를 해야 한다. 일시에 다할 수 없을뿐더러 연차적으로 실행하더라도 불가능한 일이다. 당국의 아량雅量과 배려配慮가 요청된다.

이젠 산사도 세연世緣을 외면한 채 조용히 수도修道에만 전력할 수 없게 되었다. 그것은 어쩔 수 없는 시대의 귀취歸趣인지도 모르겠다. 어디까지나 본분의 수양에 전력하면서 한편으론 찾아드는 나그네를 따뜻한 교화敎化로 맞아야 할 것이다. 그러나 이런 것은 어느 한쪽에서만 애쓴다고 이룩될 문제는 아니다. 산사에 오르는 관객들도 경건한 마음을 갖고 조용히 평화가 깃든 향내 짙은 성역을 참배하면서 잠시나마 자신을 반성하는 정관靜觀과 명상을 가져봄이 한갓 등산으로 도취陶醉되는 것보다 의의가 깊을 것이다.

1970년 6월 8일

동양적
휴머니즘

일본의 한 불교학자는 불교를 현대적 입장에서 동양적 휴머니즘 humanism이라고 풀이하였다. 그리고 불란서의 한 동양학자도 불교를 먼저 그렇게 불렀다는 예정을 들기도 하였다. 한편, 요즘와서 불교의 성격을 설명하는 데 있어 '인간의 종교'라고 규정하려는 시도가 눈에 띈다. 그것도 결국은 불교를 휴머니즘으로 보려는 태도라 하겠다. 어느 것이나, 불교란 인간을 중심으로 하고, 인간에 초점을 두는 종교라는 확인이 거기에 있기 때문이다.

무릇 휴머니즘이란 말은 이를 나위도 없이 서양 정신 속에서 확립 되었고, 그 내용 역시 유럽의 정신사를 떠나서는 성립되지 않는다. 이 말의 진의를 캐려는 사람들은, 흔히 고대 로마의 희극 작가이자 시인 테렌티우스(Publius Terentius Afer)의 유명한 시구를 인용한다.

무비·밀운 스님과 함께 월산 스님과 운허 스님을 모시고

나는 인간이기 때문에 인간에 관한 일은 무엇이거나
나에게 관계가 없다고는 생각하지 않는다.

이 한 구절 속에는, 이 지상에 살고 있는 인류 위에 부어지는 '인간 동지'의 감정이 맥맥히 흐르고 있는 듯 느껴진다. 동양이 이런 유럽의 정신사와 똑같은 정신의 역사를 경험한 것은 아니다. 그러나 이 말의 참뜻이 만일에 테렌티우스의 시구에 나타난 대로 인간주의에 있는 것이라면, 그런 휴머니즘은 동양에도 얼마든지 있었다고 할 수 있다.

특히, 불교에서 우리는 그 전형을 발견하게 된다. 그러기에 불교를 다시 '동양의 휴머니즘'이라고 규정하여 현대의 크낙한 대화의 광장에서 인간의 참된 가치성을 해명해 보아야 할 것이다. 우리는 여태껏 먼 거리에서 자신의 것을 망각해 오지 않았는가? 반성할 문제다.

병들어 죽음에 이른 수행자가 붓다를 보려 할 때 말씀하셨다.

"밧카라여, 이 나의 늙은 몸을 본들 무슨 소용이 있으랴. 너는 이렇게 알아야 하느니라. 법을 보는 자는 나를 보고, 나를 보는 자는 법을 보는 것이다. 밖에서 찾지 말라. 너 자신이 바로 그 사람이다. 꾸준히 나아가라."

이 말은 인간 형성의 길을 열어준 동양적 휴머니즘의 포괄적 원리라 할 것이다.

1970년 6월 23일 법주사에서

속리산과
중사자암의 사실

속리산俗離山은 호남과 영남을 이웃하여 제일가는 명산승지名山勝地이다. 그 화려하게 뻗어 내려온 산맥은 경북 문경의 주봉으로부터이다. 속리산 좌우로 솟은 산은 청화산淸華山과 자화산紫華山이라고 할 수 있다. 그 산들은 모두 날개를 세워 나는 형세를 지어 서남으로 펼쳐갔는가 하면, 평탄한 두둑을 모으면서 높게 산록을 이루기도 하였다. 그러나 가장 높고 큰 산은 역시 속리산이다. 또한 속리산은 순수한 정기가 밑바닥이 되었으며 그러한 정기가 엉켜서 이루어진 곳이다.

옛 사람들이 '속리俗離'라고 이름붙인 것은, 속을 끊고 세중世中의 군친群親을 여의었다는 데서 유래되었다. 또 미지산彌智山, 광명산光明山이라고도 하지만, 어떤 것을 가리켜 '미지'라 하는지 똑똑히 알 수 없고, 단지 '광명'이라 부름은 석색石色의 명수明秀를 일컫는 것이라 짐

노을을 등지고 / 달을 벗 삼아

작할 뿐이다. 우리나라 금강산은 천하의 명산이다. 중국 사람들까지도 우리나라에 태어나서 금강산 보기를 원하였다는 옛말이 전해온다. 그런데 속리산을 금강산에 견주어 흔히 소금강산이라고 부르는 것을 생각해 볼 때, 속리산도 과연 절승絶勝의 산임을 알 수 있다.

그야말로 깎아지른 듯 솟은 산턱엔 범인들이 오르기에 옷깃이 여미어지며, 깊숙이 구슬처럼 박힌 고운 바윗돌은 세상을 버리고 신선 되고파 하는 뜻을 자아내게 하는 데 족하다. 중첩으로 둘러싼 밝고 아름다움은 바위와 메의 기괴함이요, 졸졸 날려오는 계곡 물소리며, 야들히 자란 산대와 울창한 숲, 그리고 뭉게뭉게 피어나는 영롱한 안개는 선풍仙靈의 유택幽宅과 백천만장百千萬狀의 산중미山中味를 느끼게 한다.

문장대文藏坮는 속리산에서 제일가는 봉이다. 그 봉의 대는 온통 순 바위로 솟구쳤다. 대상에 올라 바라보면 깎아 세운 듯한 벼랑진 봉들이 올망졸망 중첩되게 펼쳐졌고, 뒤로도 수많은 봉들이 제가끔 우뚝하게 솟아 문장대를 향해 꿇어앉은 형상들이다. 대 가운데 구멍이 입 모양으로 파졌고 깊이는 물동이와 같으며 맑은 샘물이 고여 있다. 아무리 큰 비가 와도 불지 않으며 가뭄이 들어도 마르지 않는다. 움켜 마시면 맛이 극히 향기롭다. 아마 하늘에 은하수 물방울이 여울져서 액체를 이룬 것이라 생각되거니와 보통 그 물을 감로천甘露泉이라 말한다.

그리고 물을 길어 먹으려면 허공을 의지해 바위를 타고 발꿈치를 디녀 놓아야 하는데, 마치 원숭이가 나뭇가지를 딛고 언덕배기에 오르는 것처럼 힘을 들여야 한다. 내려올 적에도 역시 허공을 가교처럼 의지해서 사다리를 마련해야 하는데 길이가 여러 길이 된다. 그 때문에 칡이나 실한 덩굴로 몸을 얽어매야만 겨우 내려올 수 있다. 대 아래 깊숙한 골짝도 험악하여 엉금엉금 기어야만 하고, 아찔해 그냥 내려다볼 수 없다.

옛날 대상에 올랐다가 현기증으로 미쳐버려 내려오지 못한 이가 있었다. 그 때문에 포대를 크게 펴서 담아 내려왔다고 한다. 이런 말은 대상이 굉장히 넓음을 뜻하는 것이기도 하다. 사실 대상엔 오륙십 명가량은 충분히 앉을 수 있으며, 남쪽의 가야산과 서쪽의 계룡산이 문득 손자산처럼 멀리 보인다. 또한 모든 유명한 산들이 옹호해 둘러섰는가 하면, 한편으론 산들이 다가와서 꿇어앉아 제가끔 모여 풍성하게 무엇을 올리려는 형상들을 짓고 있다. 마치 아리따운 계집이 꽃화만을 쓰고 시립侍立한 것 같으며, 선녀가 비녀를 단정히 꼽고 공손히 읍揖하는 모양들이다. 안계眼界는 확 트여 조금도 걸릴 것이 없다. 누구나 우주의 큰 모습을 바라보려면 이 대상에서 가능할 것이다.

중사자암中獅子庵은 바로 대하坮下에 위치하였다. '사자獅子'라고 이름한 것은, 대坮 모양이 사자처럼 생겼다는 데서 절 이름도 그렇게 붙인 듯싶다. 옛날에는 상上과 하下에도 사자암이 있었지만, 지금은 없다. 빈터에는 오직 꽃피고 새소리만 가끔 들려올 뿐이다. 그 때문에 중사자암이란 이름은 더욱 옛날 승립昇立했던 암자들의 풍성기를 암시해

고암 스님과 월산 스님을 모시고 기념 촬영

주는 감상적인 이미지를 불러 일으키게 한다.

그리고 중사자암에서 아래로 오 리쯤 떨어진 곳에 복천암福泉庵이 있고, 거기서 또 아래로 십 리쯤에 큰 법주사法住寺가 있다. 법주사는 산중에서 가장 큰 대찰이며, 고려 자정국사慈靜國師가 주석하던 도량이기도 하다. 곰곰이 생각해 보건대, 중사자암의 창건 연대도 법주사와 동시대라 추측이 가지만, 어느 왕대에 창건된 것인지 확실히 알 길은 없다.

조선 시대 세조대왕은 복천암 신미화상信眉和尙과 용잠龍潛(왕위에 오르기 전 때) 시절부터 친구였다. 등극 후에 여러 번 신한宸翰(왕의 친서)을 보내 초치招致해 예문하였으며, 수시 순방차 복천암에 오셨을 때 대군과 대신이 호위해 많이 따랐다. 그때의 사실을 판서 김수온이 기록한 것이 있으며, 더 자세한 것은 복천암 사실事室에서 알 수 있다(어필과 사적은 법주사에 있음). 그리고 상주商州 용화지방龍華地方의 전답을 얼마간 획지劃地하여 신미화상의 공양에 이바지하였던 바 화상이 입적하면서 도로 그 전답을 나라에 바치고 말았다.

후에 인조대왕이 왕림하여 어명으로 원종대왕元宗大王의 원당願堂을 중사자암에 세우게 하고, 능원·능창 두 대군으로 하여금 지선智禪 스님에게 그 일을 관장케 요청하였다. 그리하여 원당이 낙성됨에 능원 대군이 다시 오셔서 용화지방의 전답을 본암에 계속繫屬하여 대중스님들 수호에 자량資糧이 되게 하였다. 그때 계속해 준 전답을 신사면세 전이라 한다(전, 육결십부육속 답, 삼결사부오속).

태조산太祖山 각원사覺願寺 청동대불 참배 기념, 1978년

어필御筆 병풍을 하사받은 것이 있다. 그것은 선묘에 둔 보묵寶墨인 유적인데, 규장환이 왕림하였다가 암학巖壑의 아름다움에 감탄하여 산문에 유진留鎭시켜 영세에 보로 삼게 한 것이다.

십이월 이십구일은 원종대왕의 기신忌辰*이요, 정월 십사일은 인헌왕후仁獻王后의 기신이다. 매 세 기신일마다 명례궁明禮宮에서 나와 향촉香燭을 밝혀 다례茶禮를 봉행하였다. 그런데 명례궁은 바로 세종대왕의 고저인데, 지금은 대내에 예속되었다.

이렇듯 본 암은 역대 왕조의 지극한 보살핌과 깊은 인연을 맺어 내려왔다. 아, 창설한 암자는 아직 옛대로인데, 그런 연관은 없어졌구나.

신사辛巳년(건륭乾隆 26)에 불의의 화재를 만나 보방寶坊이 초토焦土가 되고 말았다. 그 때문에 기신에 향화香火를 올릴 장소마저도 없었다. 주지스님이 이런 실정을 뼈저리게 느끼고, 조심스러운 마음으로 촌척寸尺의 힘을 쌓기에 전력하였다. 그리고 본궁으로부터도 여러 차례 재력을 보조 받는 등의 과정을 거친 뒤, 비로소 중건에 착수하여 공인工人을 부르고 재목을 다듬어 옛 체제대로 신축할 수 있었다. 이제 완공되어 낙성落成함에 이르러 간략히 본 암의 전말을 기록하여 후래後來에 알리는 바이다.

본 중사자암은 산내 암자로는 최고처에 위치한 셈이다. 동남으로 비로봉이 엄연히 솟구쳐 있는데, 그것은 비로존불毘盧尊佛이 봉상에 앉아 계시는 모습과 같다 하여 그렇게 이름 붙인 것이다. 봉의 석벽에는 푸른 이끼와 야들이 핀 꽃이 분을 바른 듯 그림을 그린 듯이 자연

노을을 등지고 / 달을 벗 삼아

스럽게 기암괴석으로 단장하였다. 맑게 개인 날에는 산색山色이 한결 돋보이며, 아침결 햇빛에도 운물은 매우 영미暎媚하다. 또한 봉하峰下에 북대가 있는데, 조금만 구부려도 산중의 초수草樹와 연람烟嵐을 마음껏 어루만질 수 있어서 좋다. 그 밖에 우뚝솟은 봉 언저리에는 그늘져 앉기에 적합하며, 절연截然한 벽은 마치 대군자大君子가 조정에 정색을 하고 선 것과 같다. 더욱이 하나도 닿고 걸림이 없는 비탈진 언덕바위는 보는 이로 하여금 의젓하고 늠름한 느낌을 자아내게 한다.

북대의 남쪽에는 천왕봉天王峯이 퍽 웅의雄毅하고 존엄하게 자리하였다. 그래서 천왕봉이란 이름을 붙인 모양인데, 과연 그러하리라고 생각된다. 봉상에는 천작天作의 지천地泉이 있어 눈방울만큼씩 샘물이 솟아오른다. 빛깔은 감색紺色이며 매우 차다.

그 아래에 학소대鶴巢坮가 야살스럽게 붙어있다. 기묘하게 자란 소나무와 좌우·남취嵐翠(산의 푸른 기운)가 창몽蒼濛한 정경을 더하였다. 그리고 그의 서남에 동대가 있는데, 동대에 위치한 상환암 동문에 신미화상의 부도가 있다.

속리산에서는 관음봉觀音峯이 또 유명하다. 거친 언덕과 깎아 오른 봉우리는 청공晴空에 붕 뜬 느낌이다. 샘물과 폭포는 큰 소리를 내면서 곁으로 터져 흐르고 창연한 두 석문이 홍예虹霓처럼 멋져, 부근의 경치는 극히 화쇄澕灑하다.

또한 중사자암의 서쪽 십오 리쯤에 수정봉水晶峰이 있어 법주사를 잘 둘러쌌다. 봉상에는 반타대석盤陀大石이 큰 거북형상으로 엎드려 서쪽을 바라보고 있다. 속전에 이르기를, 거북이 모습이 중국의 재백財帛을 물어들이는 형국이라 하여, 중화의 사람이 보고 거북의 목을 끊었다 한다. 오늘날 끊어진 거북의 목을 보건대, 황당한 설이 있을 것 같기도 하다. 그리고 이 봉에 올라서면 한 줄기 산령山嶺이 빗겨져 있다. 옆으론 뾰족한 봉우리가 별처럼 펼쳐졌고, 언덕진 고개도 멋들어지게 두둑을 이루었다. 마치 상을 놓고 얼굴을 맞대고 서로 보는 것과 같아서 온 봉우리의 자태가 한눈에 들어온다.

속리산 물은 세 갈래인데, 동으론 낙강洛江, 남으론 금강錦江, 서로는 한강漢江이 각각 흐른다.

1970년 9월 2일

법주사 성타性陀 역譯**

● 죽은 사람이나 또는 죽은 사람과 관련되는 사람을 높이어 그 제삿날을 이르는 말

●● 이 글은 단기 4292년(1959) 10월 일자로 씌어진 작자 미상의 「속리산중사자암사실俗離山中獅子庵事實」이란 글을 번역한 것이다. 본 암에 주장으로 계시는 현장 스님의 부촉에 마지 못해서 번역은 하였으나, 워낙 단문한 까닭에 제대로 번역이 되지 못한 것이 많을 줄로 안다. 앞으로 좋은 번역이 나올 것을 바라면서, 죄스러움을 금치 못한다.

염화실 상량문

불타佛陀의 자광慈光과 산색山色의 청재清齋 속에 가람伽藍이 개설된 지 어언 일천사백여 년. 장구한 광음을 국운의 감쇠咸衰와 함께해온 속리俗離의 란야蘭若는 평화의 염원지요 민족의 기도장이었다.

나려羅麗 양대兩代에는 삼천의 납자衲子가 운거雲居한 대도량大道場이었으나, 이조의 배불排佛과 임란의 병화로 위축 일로를 걸어야 했음은 어느 란야蘭若든 공동으로 겪어야 했던 비운이라 할 것이다.

그러나 다행하게도 민족의 광복과 더불어 교계에도 중흥의 서기가 찾아온 것이다. 본 법주사는 도내 유일의 대본산大本山으로 원음圓音을 펼쳐온 어느 본산보다도 신념세찬信念歲饌 정진을 다짐해 왔다. 연전에 선원·강원을 개설하여 내적 수행에 힘썼으며, 외적으론 남북 요사寮舍와 선실禪室을 크게 중건 중수하였다.

그러나 불일佛日의 융창隆昌에 비긴다면 아직 가람의 부족을 안 느낄 수 없다. 그중에서도 특히 염려되어 온 것은 염화실拈花室의 중건불사였다. 온 대중이 합심하여 노력한 결과 오늘의 상량上樑을 맞게 된 것이다. 한편 이 염화실은 종문宗門의 고당高堂인 만큼 성의와 노력을 가장 기울였음을 덧붙여 둔다.

원이차승연願以此勝緣 보급어일체普及於一切
아등여중생我等與衆生 개공성불도皆共成佛道

1972년 5월 29일
속리산 법주사 염화실 상량문
석성타釋性陀 저著

노을을 등지고/달을 벗 삼아

제4장

토함산 불국사

불국사 안내문
낭독 초안

먼저 이곳 불국사佛國寺까지 찾아주신 참배객 여러분께 우선 심심한 감사를 드립니다. 우리 조상들은 일찍이 불교를 존중하여 원시신앙原始信仰의 토대 위에 불교의 심오한 사상과 높은 차원의 신앙을 받아들였습니다. 그리하여 민족 슬기와 자주정신이 한층 발휘되고 가꾸어져 창조의 터전을 마련하였습니다. 그것이 찬란하고 고유한 신라 문화의 꽃을 피게 하였고, 민족의 전통문화를 수립할 수 있었습니다.

옛 신라의 수도 경주 곳곳에 남겨진 숱한 문화유산과 고적古跡들은 그때의 찬란했던 모습을 잘 보여주고 있습니다. 특히 대찰이 섰던 여러 유적에서 신라가 얼마나 불교를 중심하여 모든 문화를 부흥시켜 나아갔는지를 알 수 있습니다. 절의 규모도 컸지만 숫자도 자그마치 808개나 되었다니, 옛 신라의 수도 서라벌은 그야말로 부처님의 나라,

불교의 도시였음을 느끼게 합니다. 역사의 수레바퀴는 모든 부문에서 많은 것을 변천시켰습니다. 찬란했던 옛 문화도 이젠 옛날을 더듬는 유적으로 남게 되었거니와 사찰도 불국사를 비롯하여 몇 개만이 단조롭게 남아서 옛날에 융성했던 당시의 발자취를 회상하며 뭇 감회를 자아내게 합니다.

오늘날에는 말할 것도 없거니와 옛 신라의 대찰 중에서도 손꼽혔던 불국사에 대해 말씀드리겠습니다. 사적 및 명승 제1호로 지정된 불국사는 528년(법흥왕 15), 그러니까 지금부터 1,440여 년 전 왕의 어머니 영제부인이 발원하여 법류사法流寺란 절을 창건하였습니다. 창건 당시에 사찰 규모는 자그마했습니다. 그 후 751년(경덕왕 10), 당시 재상 김대성金大城(700-775) 공의 정성으로 청운교, 백운교, 연화교, 칠보교, 석가탑, 다보탑을 비롯하여 관음전, 좌우경루, 회랑 등 현재 규모의 큰 절을 중창하고 불국사라 하였습니다. 대중창주 김대성 공은 평소에 부모를 섬기는 효심이 지극하였습니다. 하루는 곰 사냥을 나갔다가 이상한 꿈을 꾸고 느낀 바 있어 현세의 부모를 위하여 불국사를 세우고, 전세의 부모를 위하여서는 석굴암을 지었다고 합니다.

그 후 1593년 임진왜란 때 불타버린 것을 조선 중기 이후 일부는 재건되었습니다만 신라시대의 찬란하던 옛 모습은 전혀 찾아볼 수 없었습니다. 1969년 박정희 대통령의 특별 지시와 불자들의 성금 등으로 불국사 복원 불사를 시작하였습니다. 1972년에 무설전, 관음전, 비로전, 회랑 등을 복원함으로써 옛날 불국사의 장엄했던 모습을 다시 볼

노을을 등지고 / 달을 벗 삼아

은사 월산 스님의 불국사 주지 취임식 기념 촬영, 1974년

수 있게 되었습니다.

사찰 경내 도량에는 여러 가지 지정문화재가 있습니다. 국보 제23호 청운교·백운교와 국보 제22호 연화교·칠보교 등의 석조교는 모두가 잘 짜여진 설계에 멋과 미를 함께 가진 걸작입니다. 그리고 석교를 들어서면 대웅전이 있고 그 대웅전 좌우에는 유명한 석가탑과 다보탑이 장중하게 서 있습니다. 오른쪽에 우뚝 솟은 국보 제21호 석가탑은 일명 무영탑無影塔이란 별명을 가진 탑으로써 섬세미와 균형미가 담뿍 어려 한없는 안정성을 줍니다. 특히 석가탑 조각자인 아사달과 그의 부인 아사녀 사이의 비애悲哀와 아름다운 전설은 종교적 성스러움과 함께 너무나 인간적인 면이 부각된 일화입니다. 왼쪽의 국보 제20호 다보탑은 부처님의 설법이 진리임을 입증하는 의미에서 땅속에서 솟아올랐다는 경전상의 출처를 가진 탑이기도 합니다. 다보탑의 정교한 조각술과 다양성, 그리고 우아미로 이룩된 예술성은 천고에 두고 우수함을 자랑할 것입니다.

또 574년(진흥왕 35)에 왕의 어머니 지소부인을 위하여 멀리 진나라 위난타 스님을 모셔서 조성하였다는 비로전에 봉안된 국보 제26호 금동비로자나불좌상과 극락전에 모셔진 국보 제27호 금동아미타여래좌상은 모두가 정성이 담긴 신앙의 본존상으로 중시되는 것입니다.

이와 같이 경내에는 청운교, 백운교, 연화교, 칠보교, 비로전 금동비로자나불좌상과 극락전 금동아미타여래좌상 등 국보로 지정된 신라시대 문화재와 비지정 문화재 등이 보존되어 있습니다. 이는 불국사를 찾는 많은 사람들에게 깊은 감회를 불러일으키며 긍지와 자부를 갖게 합니다.

불국사는 크게 두 계단으로 나누어 설계가 되어 있습니다. 대웅전을 중심한 현실 세계의 표현과 극락전을 향한 이상 세계의 건설입니다. 이러한 현실과 이상 세계의 건립은 너무나 훌륭하고도 멋진 설계를 이룩해 놓았습니다. 석조로 잘 다듬어진 석축도 예술적이거니와 안으로 불교 사상과 교리가 바탕이 된 완전무결하고 이상적이며 성스러운 공간을 이룩해 놓았습니다. 다시금 우리 조상들이 창조해낸 훌륭한 착상着想과 뛰어난 솜씨에 머리를 숙이게 됩니다.

마지막으로 한 가지 덧붙인다면 우리 민족이 낳은 예술 문화를 올바로 인식하여 우리 문화를 스스로가 아끼고 가꾸어야 할 것은 말할 것도 없습니다만, 전통문화를 오늘에 되살리는 창조성을 부단히 개발해야 합니다. 그리고 천년의 이끼와 향적이 조용히 맥박치고 있는 이곳은 단순한 관광지가 아님을 깊이 이해해 주시기 바랍니다. 어디까지나 종교적 성스러움이 행해지고 지켜지는 수도원이며 영원한 민족의 기원 도량임을 알고 엄숙한 가운데 참배와 관람을 해주십시오.

1973년 4월 10일

제5기 성보관리자 교육수료 기념, 조계사 대웅전 앞, 1977년

불국사 복원 불사
회향식에 즈음한 보고와 술회

1. 창건과 위대한 중창 불사

우리 조상들은 일찍이 불교를 존중하며 고유의 신앙계信仰界에 높고 깊은 불교사상을 받아들여 하나의 굳건한 민족종교로 향상해 갔다. 즉 자주적인 독립성과 창조의 정신이 다져지고 가꾸어져 비로소 전통문화傳統文化를 형성할 수 있었으며, 민족의 염원인 통일국가를 이룩한 것이다.

특히 불국사佛國寺는 민족이 낳은 위대한 문화유산일 뿐만 아니라, 국가와 민족을 위한 기원장祈願場이며 인간의 본성과 덕성을 닦는 수도장修道場으로 큰 의의를 찾아볼 수 있다. 그리고, 신라 통일의 요람搖籃한 기상이 무르익어 갈 무렵에 터를 다듬은 불국사는 통일의 시기에 접어들면서 더욱 큰 대찰大刹로 변해 갔다.

이제 기본적인 연륜을 살펴보건대, 불국사는 1,445년 전인 신라 법흥왕法興王 15년(528)에 왕모王母 영제부인迎帝夫人에 의하여 창건되었다. 영제부인은 자부子婦인 비妃 기윤부인己尹夫人과 함께 출가出家까지 하기에 이르렀다. 당시에는 왕족이나 귀족의 출가가 허다하였으므로 별로 주시할 일은 아니다. 어쨌든 평소 불교에 귀의하는 마음이 두터웠음을 알 수 있다. 이러한 신앙심의 발로發露가 곧 불국사 창건을 가져왔다고 봐도 좋을 것이다. 그러나 창건 당시 규모는 그다지 크지 않았음을 문헌상을 통해 짐작할 수 있다. 그리고 진흥眞興·문무文武 양대에 걸쳐 부분적인 가람의 증축 불사가 있었다. 그러다가 창건 후 223년이 지난 751년(경덕왕景德王 10)에 재상宰相 김대성金大城 공의 놀라운 신앙심에 의해 도량 일체를 개수改修 확장擴張하는 대대적인 중창불사重創佛事가 행해졌다. 대웅전大雄殿을 비롯하여 청운교青雲橋, 백운교白雲橋, 연화교蓮花橋, 칠보교七寶橋, 석가탑釋迦塔, 다보탑多寶塔, 관음전觀音殿, 좌우경루左右瓊樓, 회랑回廊, 석축뢰石築箂 등 현존 규모의 대찰로 등장하였다.

중창주인 김대성 공은 평소에 부모를 섬기는 효심이 지극하였던 바, 하루는 곰 사냥을 나갔다가 이상한 꿈을 꾼 것이 기연奇緣이 되어 현세의 부모를 위하여 불국사를 중창하는 동시에 전세의 부모를 위해서는 석굴암石窟庵을 창건하였다는 중창의 연기설을 전해주고 있다.

그 후 진성왕대眞聖王代 중창을 끝으로 고려 시대에 들어와서는 현

노을을 등지고/달을 벗 삼아

종顯宗 15년, 명종明宗 2년, 충선왕忠宣王 4년과 조선 시대 세종世宗 18년, 성종成宗 21년, 명종明宗 19년 등 여러 차례에 걸쳐 중창·중수를 하면서 면면히 대찰을 손색없이 수호해 왔다.

2. 임진왜란과 그 후 발자취

우리 민족 천추의 한恨이요 천인공노天人共怒할 임진왜란壬辰倭亂이 이 땅을 휩쓴 지 1년 후 선조宣祖 26년(1593) 계사癸巳 5월에 왜구는 불국사에 침략하여 천양만색千樣萬色의 장중한 천년고찰을 일시에 불태워 버렸으니, 그 처참하고 황량함을 어디에 비하랴. 토함산吐含山 기슭에 높이 솟은 민족이 낳은 자랑스러운 보전寶殿이 한 줌의 재로 변한 비극은 너무나 극심한 것이었다.

그래도 불행 중 다행이라고 할 수 있는 것은 석조물石造物의 파손이 방지되고 대웅전, 극락전, 자하문만이라도 담화대사曇華大師와 그의 문도들에 의해 구출된 점이다. 임진왜란으로 목조물은 모두 불타버렸다는 것이 일반적인 견해이지만, 『불국사고금창기』에는 담화대사가 문도를 통솔해 대염大焰에서 대웅전, 극락전, 자하문을 분구奔救하였다고 되어 있다. 그래서 이 내용은 『불국사고금창기』에 따라 정리하였다. 그러나 아무려면 왜란의 폭염暴炎에 백실百室이 훼연燬然된 도량의 모습은 폐허나 다를 바 없었을 것은 뻔한 일이다.

불국사 불국선원 동안거 기념, 1976년

왜화倭火의 상흔을 안은 채 66년이 지난 효종孝宗 10년(1659)에 다시 많은 부분을 중창하여 거의 원형을 회복할 수 있었으며, 그 후로도 현종顯宗 15년(1674), 숙종肅宗 2년(1676), 경종景宗 3년(1723), 영조英祖 6년(1730) 등에 걸쳐 중수·보수를 숱하게 하여왔지만, 연륜이 쌓임에 따라 비바람에 씻기고 바래짐은 결국 막을 길이 없었던 모양이다.

그 어느 때(임진왜란훼신시王辰倭亂燬燼時)처럼 초라한 가운데 대웅전, 극락전, 자하문과 요사寮舍 몇 채만이 남아 보는 이로 하여금 마음을 아프게 할 뿐, 신라시대의 찬란하던 옛 모습은 전혀 찾아볼 길이 없게 되었다.

3. 도량 구조와 기초 설계

여느 사찰에 비해 무심히 넘길 수 없는 것은 도량 구조의 기초 설계이다. 즉 운제雲梯와 석축石築이 기간基幹이 되어 도량 구조를 이룩해 놓은 기초 설계는 제찰諸刹에서 찾아볼 수 없는 불국사 특유의 장관이다. 더욱이 불교 교리와 깊은 사상을 내포하여 진선미眞善美를 융회融會시킨 완벽한 설계이므로 그 아름다움은 무한한 여운을 갖게 한다.

이제 구조와 설계를 보건대, 크게 두 계단으로 되어 있음을 알 수 있다. 대웅전을 중심한 현실 세계(여기에서는 불타佛陀 설법처說法處인 영산회상靈山會上을 상징한 것임)의 구현과 극락전을 향한 이상 세계의 건설이다. 이러한 현실과 이상 세계의 건립은 너무나 훌륭하고 멋지다. 완전 무결하게 빈틈없이 쌓아진 석축은 튼튼하고도 아름답게 돌로 빚어놓 았으며, 더욱이 대웅전과 극락전으로 각각 향해 오르는 운제雲梯의 솜 씨는 뛰어나며 최고의 예술성이 발휘되었다.

그리고, 대웅전으로 향해 오르는 석교는 현실 세계를 상징한 것으 로써 그가 갖고 있는 청운교靑雲橋·백운교白雲橋라는 이름이 그대로 현실의 이미지를 부각한 것이다. 다시 말해, 청운靑雲은 일반인의 목 적이며, 백운白雲은 수도인의 자세이다. 모두 현실 세계를 뜻한다. 반대 로 극락전으로 향해 오르는 석교는 이상 세계를 상징하며 연꽃무늬가 조각되었는가 하면, 연화교蓮花橋·칠보교七寶橋란 이름으로 이상 세계 를 표현하고 있다. 여기서 연화蓮花, 칠보七寶는 모두 이상 세계인 극락 세계를 그린 말이다.

좀 더 내향적으로 구조 설계를 살펴보면, 발심수행發心修行 과정을 거쳐 견성성불見性成佛하여 불국토佛國土를 증득하는 것이 정연하게 설 명되어 있다. 즉, 현실 성불과 극락왕생, 극락왕생의 목적이 다시 현실 성불에 있고, 일체의 이론이 용납될 수 없으며 현실 그대로가 바로 최 상의 진리계임을 설명하고 있다. 실로 불교사상의 진수인 상의상관相 依相關과 불이도리不二道理를 집적한 구상미술具象美術의 극치가 불국 사의 경내에 꽃피어 있다.

노을을 등지고/달을 벗 삼아

4. 오늘의 복원 불사

◆─ **복원안**復元案 **탄생의 전후**

내가 불국사에 부임한 것은 1968년 11월이었다. 그전에 불국사에 가
보지 않은 것은 아니지만 막상 주지住持라는 책임을 지고 보는 불국사
는 눈물겹도록 아쉬운 모자람이 있었다. 당시 불국사는 단청丹靑도 말
끔히 끝내서 훤하도록 단장하고 있었지만 주위 풀밭에 반이 묻혀서
쭈뼛거리는 아름드리 초석들이나 함부로 우거졌다가 시들고 있는 가
을 잡초가 마음을 아프게 때렸다. 이미 늦가을에 접어들어 날씨는 싸
늘한데도 참배 관람객들의 발길은 끊이질 않았다. 줄을 잇는 그들 가
운데 외국인들도 많이 보였다. 나는 속으로 그들에게 외쳤다. 불국사
의 옛날을 이야기로나마 들어봤느냐고. 하루에도 몇 번이고 도량 경내
를 돌아다니면서 무엇인가를 찾았다. 막연하나마 도량 안팎에는 무언
가 숨겨져 있을 것만 같았다. 또 틈이 나는 대로 법당에 올라가 향을
피우고 부처님께 절을 했다. 저 위대하고 성스런 불국사의 모습이 무엇
이냐고 열심히 부처님께 여쭈었다.

어느 날 새벽 예불을 마치고 나오다가 갑자기 불국사를 복원하자
는 생각이 들었다. 속이 후련하고 기뻤다. 사실 나는 아무런 준비도 갖
추지 못했으면서도 불국사를 웅장하게 복원할 수 있을 것만 같았다.

그러나 불국사는 국보사찰國寶寺刹이므로 당국의 승낙이나 협조 없
이는 주지라 하더라도 임의로 손을 대어 공사를 벌일 수 없는 일이었

다.『불국사고금창기佛國寺古今創記』에 의거하여 나름대로 고증하고 복원도를 작성하는 한편, 여러 가지 경로로 복원의 타당성 여부를 언론에 물었다. 종단에서는 대단한 환영을 해주었다.

1968년 12월 말경에 박정희 대통령은 우리나라 고적古蹟 보존에 깊은 관심을 갖고 있을 뿐만 아니라, 이미 수년 전부터 불국사 복원을 뜻에 두고 있다는 것을 알았다. 박정희 대통령은 전국의 수많은 사찰 중에서도 불국사에 각별한 관심을 갖고 있었다. 그래서 전임 주지 당시에는 단청비丹靑費를 지원하기도 했다. 대통령이 불국사 복원에 대한 뜻이 스님들보다 훨씬 앞서 있다는 것을 알고 나는 기뻤다. 한편, 불국사 복원은 곧 부처님의 뜻에 계합契合하는 신앙의 소산이며, 온 겨레의 염원을 오늘에 되살리는 총화성總和性의 상징이라고 확신했다.

신라의 가람이 복원되면 우선 찾아오는 외국인들에게 위신이 설 수 있고, 그렇게 할 수 있으면 문화민족으로써 우리의 긍지를 해외에 드높이게 될 수 있다고 생각했다. 관광객 유치나 외화 획득에 도움이 된다는 것도 긍정할 수 있었지만 그보다도 더 중요한 것은 철저한 호국정신護國精神을 되살려 애국민 삼천만의 번영 국가를 이룩할 국민정신을 기르는 일이라고 믿었다. 어느 시대라도 애국정신이 요망되지 않은 때는 없겠지만 근자近者 한국의 제반 사정은 투철한 애국정신과 굳은 각오와 결의를 수반하는 자주정신을 요구한다.

죽은 몸이라도 바다에 묻혀 동해의 용이 되었다가 바다로 침공하는 외적을 물리치겠다는 문무왕文武王의 애국심, 부단한 정진으로 오

노을을 등지고 / 달을 벗 삼아

늘을 개척하여 이상 세계에 도달하려는 위대하고 성실한 신라인의 의지, 자비와 봉사로 자타自他의 이익을 동시에 도모하여 평화를 이룩하며 진리에 계합하는 경론經論으로 인생을 살고 국가를 다스린 신라인의 국가관과 세계관을 우리는 배워야 한다.

생각이 여기에 미친 나는 망설일 수가 없었다. 1969년 1월 불국사의 복원모형도를 들고 문화공보부文化公報部를 방문했다. 출입기자들이 힐끔거리는 중에 나는 열심히 복원의 의의와 필요성을 설명했다. 그러나 관계자 못지않은 관심을 가진 모 신문사 기자가 옷소매를 끌었다. 무척 감개에 찬 순간이었다. 드디어 1969년 정초의 지면에 불국사 복원안이 대서특필되었다.

정부 관계부처에서는 곧 지원 계획을 세우고 문화공보부장관을 위원장으로 하는 사단법인 불국사복원위원회가 설치되었으며, 본격적인 고증·발굴 작업이 착수되어 불국사의 구석구석에 발굴의 삽질이 시작되었다. 또한 복원설계도가 완성된 것은 1969년 말이었다.

이듬해에는 건축 공사가 시작되는 한편, 재계 중진들이 청와대에 초대되어 불국사 복원의 의의를 깨닫고 적극 지원하기로 나섰다. 재계 지원금이 1억 2천만 원, 문공부 보조금이 1억 8천만 원으로 3억 원 예산을 확보한 복원 공사는 거칠 것 없이 진척되었다.

◆― **공사 규모와 과정**
이 역사적이고도 거룩한 성업이 부처님의 가호로 원만하고 순조롭게 이룩되기를 빌기 위해 천일기도를 시작했다. 이름은 천일기도이지만 모든 공사가 끝날 때까지 이 기도는 그치지 않을 생각이었다. 사실 복원 공사는 지금 모두 끝이나 일손을 떼고 있지만 기도는 천 일이 훨씬 넘은 지금도 계속하고 있다.

중요한 건축 공사는 문공부가 주관하고 사찰은 그에 부수되는 공사를 담당했다. 건축 공사 부문에서도 대웅전, 극락전, 좌경루, 우경루 등 전 회랑과 불이문不二門의 목재를 사찰 부담으로 구입하였는데 그 대금이 3천6백여 만 원에 이르렀다. 한편 당초 복원 계획안에는 들어 있지 않았지만, 가람의 새 단장에 맞춰 봉덕사奉德寺 성덕대왕신종聖德大王神鐘의 4분의 3에 해당하는 크기의 대종大鐘을 주조하였다. 소요 경비는 한진상사韓進商事 조중훈趙重勳 회장의 1천만 원의 단독 시주에 의했으나, 종각은 1천2백만 원을 들여 사찰 자체 힘으로 건립하였다. 또, 불국사 복원에만 만족할 수 없어 나는 석굴암石窟庵의 경내 도량을 확장하고 대중당大衆堂과 요사, 일주문 등을 새로 지었다.

일을 이렇게 벌여가니 나는 단 하루도 앉아 쉴 수가 없었다. 새벽에 불국사를 나오면 낮에는 서울에 있고 밤에는 다시 불국사에 있어야 했다. 또 능력 있는 신도들을 찾아 복원 공사를 알리고 인연을 짓게 하기 위해서 국내 대도시면 어디라도 갔다. 신도들은 서슴지 않고 불사에 참가해 주었다.

신도들을 만나는 것만이 주지의 일은 아니었다. 목재를 구하기 위해서는 태백산맥太白山脈을 더듬고 다니기도 해야 했다. 장마철에 강원

노을을 등지고 / 달을 벗 삼아

불국사 불국선원 하안거 결제, 1978년

조계종 비상종회 운영위원회를 마치고 조계사 대웅전 앞에서, 1978년

제4차 대한불교조계종 포교사 수련회에서, 1982년

도 정선에 들어갔다가 갑자기 물이 불어난 개울을 건너다 실족한 일은 평생을 두고 잊을 수 없는 추억이 되었다. 곰곰이 생각해 보면 급류에 휩쓸렸지만 아무 다친 데도 없이 일어나 개울을 건널 수 있었던 것은 내 힘으로 할 수 있었던 일은 아니었다. 언덕에 올라 개울을 내려다보니 바위덩이 같은 돌이 물살에 떠밀리고 있었다.

아무튼 국내에서 구할 수 있는 최고의 목재가 불국사 복원에 쓰여진 것은 자랑하고 싶은 일이다.

반대로 공사 중 애석했던 일 한 가지도 이야기하고 싶다. 그것은 구품연지九品蓮池 복원을 포기하지 않을 수 없었던 일이다. 처음에 미지의 구품연지는 연화교蓮花橋 아래 있을 것으로 짐작했다. 1927년에 일본 사람들이 촬영한 사진에 보면 연화교 아래에 미나리로 보이는 것이 자라고 있었다. 미나리는 연못을 연상케 했으니 말이다.

극락정토를 설한 정토삼부경淨土三部經에 의한 추리를 해도 구품연지는 꼭 거기에 있을 법했다. 그러나 기대와는 달리 구품연지 흔적은 전혀 나오지 않았다. 좀 멀리 떨어진 곳으로 청운교靑雲橋 앞쪽 지하 4-5척 되는 지적에 묘한 구획을 이루고 있는 못의 흔적이 보였으나 그것이 구품연지라는 고증을 얻기는 너무나 어려웠다. 이렇게 해서 구품연지는 밝혀지지 못한 채 다시 땅속으로 묻혀버리고 말았다.

공사가 진행되는 3년 동안 박정희 대통령은 영부인과 함께 수차례 불국사 공사 현장을 방문하였다. 불국사의 환경으로부터 도량 내 축석築石·단청 문양에 이르기까지 탁월한 형찰詗察로 관심을 표명하고 즉석에서 지시를 내리기도 하였다.

석굴암에 이르는 참배로도 이제 2차선으로 포장을 끝냈다. 다시는 어른 아이 할 것 없이 미리 토함산을 쳐다보고 안타까운 표정을 짓는 일은 없을 것이다.

사찰 인접 속인 영업장들이 500미터 밖으로 이전하기 위해 지금 정지整地 작업을 완료했다. 그리고 철거한 자리에는 나무와 잔디가 심어졌다. 이러한 일은 경주 국립공원 개발의 일환이기도 하나 이로써 불국사 복원은 더욱 빛나게 되었다. 또한 불국사는 날이 가고 해가 쌓일수록 녹지대에 감싸여 성찰의 위엄을 유감없이 갖추게 될 것이다.

다음에는 공사 규모를 세분하여 소개하면서 하루속히 이 땅에 불국佛國이 이룩되기 간절히 빌며, 박정희 대통령과 공사에 음양으로 협력하신 관민 사부대중의 가정에 만복이 깃들고 앞날에 영광이 있기를 빈다.

이번에 복원된 부분은 전 회랑과 불이문, 좌우경루, 무설전, 비로전, 관음전, 대종, 종각 등이다. 그러니까 현재의 불국사는 신라 불국사의 골수 부분만을 추려 세웠다고 할 수 있다. 교리상으로도 불교의 대의가 유감없이 표현되었다.

김대성 공의 중창 당시 현재의 규모 외에도 많은 건물과 사십팔방 등이 있었다고 『불국사고금창기』에 기록되어 있다. 그 규모로는 비록 옛날에 미치지 못한다 하더라도 그 의의는 충분히 살렸다. 주관 담당별로 살펴본다.

① 문화공보부 주관

- 무설전 96평

- 비로전 36평

- 관음전 21평

- 회랑 296평

- 좌경루 8평 7합

- 우경루 8평 7합(개축)

- 불이문 기단 12평, 기둥 5.7평

- 청운교, 백운교, 연화교, 칠보교, 축석 등의 난간

- 총동원(인원) 약 10만 인

- 목재 약 40만 재(원목 70만 재)

- 석재 약 2천m³

- 기와 약 30만 매

- 위 공사 중 사찰 부담 회랑, 좌경루, 우경루, 불이문 등의 목재 대금 3천6백만 원

- 위 공사금 약 3억 5천만 원

② 건설부 담당

- 불이문으로부터의 참배로

- 석굴암 이차선 포장 통로

노을을 등지고 / 달을 벗 삼아

③ 사찰 자체 담당

- 사원 외부 담장 약 1,000m 12,000,000원

- 불단 탁자 문호(무설전·비로전·관음전) 등 1,000,000원

- 환경미화 보수 5,500,000원

- 전기내선공사 2,000,000원

- 소화전 시설 1,500,000원

- 목어 200,000원

- 법고 600,000원

- 운판 350,000원

- 범음종(대) 1개 10,000,000원(조중훈씨 시주로 주조됨)

- 범음종(소) 5개 7,500,000원

- 종각 10.45평 11,380,000원

- 매표소 13.24평 4,800,000원

- 경내 확장 토지 매입 5,930평 5,800,000원

- 석굴암 대중당 신축 8,000,000원

- 석굴암 요사·삼성각 신축 4,500,000원

- 석굴암 도장 확장 미화 8,900,000원

- 석굴암 일주문·매표소 5,800,000원

- 목재 36,000,000원

- 이상 약 1억 2천만 원

- 총 공사비 약 5억 원 이상

바위에서 참선 정진하는 모습, 1984년

토함산 기슭에 우뚝 솟은 넓은 숲속의 불국사는 사적 및 명승 제1호로 지정되었거니와 이끼 낀 도량의 성보聖寶를 묵묵히 마주서 있노라면 금방이라도 거레의 예지睿智가 샘솟듯 느껴지는 천년의 고찰이다. 숱한 환난으로 얼룩지며 자국이 맺힌 지난날의 상흔을 깨끗이 씻고 새롭게 신라의 옛 모습을 함초롬히 되찾은 오늘의 웅장한 가람 이모저모를 분류별로 안내한다.

목조물

① 대웅전大雄殿

751년(경덕왕 10)에 대공덕주이며 중창주인 재상 김대성 공에 의해 건립되었다. 신라, 고려에 걸쳐 중수를 거듭하여 왔으며, 임진왜란 재화 시에는 극락전·자하문과 함께 불길에서 구조되었다고 『불국사고금창기』에서 전한다. 그러나 현재 건물은 조선 중기 이후의 것으로 본다.

내부 단청은 1769년의 것이며, 외부 단청은 복원 불사의 일환으로 천정에는 삼단으로 정자형井字形이 새겨진 것이 특색이며, 좌우에는 정자형이 108로 구성이 되어 인간의 번뇌를 상기시키고 있다. 또 오전 보의 머리에는 봉황, 연꽃, 열매, 꽃봉오리 등이 조각되어 있다. 그리고 좌편 서쪽(불상을 중심한 서쪽) 천정에는 가릉빈가란 새가 부처님을 봉청하는 가릉빈가 청불의 풍경이 아담하게 매달려 있는가 하면, 서면에 사천왕을 상징하여 용, 돼지, 호랑이가 옹호하고 있으며, 전면에는 문수보살文殊菩薩과 보현보살普賢菩薩을 상징한 호랑이와 코끼리 등이 각각 조각되어 있다.

단상 중앙에는 1689년에 조성된 높이 3미터의 석가모니불釋迦牟尼佛 목불좌상과 좌우의 미륵·제화 양 보살 및 가섭·아난의 석조입상이 모셔졌으며, 후불탱화는 비단(견) 3미터 폭에 불보살과 10대 제자상 등이 선명하게 채색되었다.

② 극락전極樂殿

극락전은 574년(진흥왕 35)에 건립하였으며, 임진왜란 때에는 재화에서 구조되었다 하나, 현재 건물은 조선 중기 이후의 것이다.

단상에 모신 높이 1.65미터 금동아미타여래좌상金銅阿彌陀如來坐像은 진흥왕의 부인이 왕모 지소부인智炤夫人을 위하여 멀리 진晉의 위난타韋難陀 스님을 모셔다가 조성하였다는 금동불상으로 국보 제27호이다. 비교적 오래된 법당치고 후불탱화를 모시지 않은 것이 이 법당의 특색이다. 본래 후불탱화를 모시지 않은 것인지, 아니면 중간에 탱화가 없어진 것인지는 알 수 없다.

③ 비로전毗盧殿

비로전 건립 연대는 극락전과 동시대이지만, 임진왜란 때 소각되고 빈터에 석축과 주춧돌뿐이었다. 이번에 복원 불사의 일환으로 중건되

노을을 등지고／달을 벗 삼아

어 다시 옛날 모습을 되찾게 됨은 무척 경행慶幸한 일이다.

법당에 모신 높이 1.77미터의 국보 제26호 금동비로자나불좌상金銅毘盧遮那佛坐像은 극락전에 봉안된 금동아미타여래좌상과 조성 연대나 연기가 같다. 그리고 이 두 불상은 우리나라 불상조각상에 큰 의의와 비중을 차지하는 불상이다.

즉 우리나라에서 불상이 조성되기 시작한 것은 4세기 말부터이나 실물이 남아있는 것은 6세기경부터이다. 6세기경의 불상은 중국 북위시대의 불상 영향으로 옷 주름이 날카롭게 기복하는 두터운 옷을 입고 있어 몸은 있는 둥 마는 둥하며, 얼굴에는 고졸미소古拙微笑를 띤 것이 특색이다. 6세기 중에서 가장 연대가 오래된 금동연가7년명여래입상金銅延嘉七年銘如來立像(국보 제119호, 539년작이라고 추정)의 예에서 알 수 있다. 그리고 6세기 말경이 되면 옷이 엷어져서 몸의 굴곡이 표면에 시사되는데, 이렇게 6세기 말~7세기 초에 들어서서 불상은 최고의 수준에 달하여 금동미륵반가사유상金銅彌勒半跏思惟像에서 볼 수 있듯이 아름다운 몸의 곡선과 청순, 숭고한 안상이 만들어내는 종교적 세계는 고금독보古今獨步이다. 8세기에 들어와서는 8세기 중엽에 조각된 석굴암 불상을 정점으로 차츰 정신면보다도 기교면에 앞서기 시작하는 경향으로 흘러 신라 조각은 쇠퇴 타락해진다. 백률사栢栗寺 금동약사여래입상金銅藥師如來立像은 신라 조각이 그 정점을 넘어 정신면보다 기교면에서 앞서기 시작하는 8세기 말이나 9세기 초 상태를 잘 보여주는 예이다. 이러한 고대 불상의 흐름에서 본 불국사의 금동아미타여래좌상과 금동비로자나불좌상은 6세기 중엽을 대표하는 가장 고귀한 불상으로 꼽힌다. 가부좌를 틀고 앉은 자세가 존귀하고 의젓하며, 부처님 얼굴도 단아하고 성스럽다. 한편 불국사의 두 불상을 7세기 말이나, 8세기 초에 조성되었다고 보는 견해도 있다. 그러나 가부에 있어서는 당장 말할 수는 없다.

④ 관음전觀音殿

관음전은 751년(경덕왕 10)에 대중창주 김대성 공의 원력으로 건립되었다. 임진왜란 때 여느 목조물처럼 소신燒燼의 비운을 겪어야만 했다. 이번에 복원 불사로 아담스런 관음전을 다시 갖게 되었다.

법당에는 새로 높이 1.6미터의 관음보살입상觀音菩薩立像을 기림사祇林寺 불석拂石으로 조성해 모셨다. 이 보살은 상서로운 구름을 타고 사바계娑婆界에 내려와 일체수고一切受苦 중생을 제도코자 감로의 법우를 기울이는 모습이라 '서운관음瑞雲觀音'이다. 특히 서운瑞雲의 이미지를 부각시키려는 의도에서 연화대蓮華臺에 구름을 조각한 것은 바람직한 착상이다.

그리고 조성을 맡았던 권정학權廷學 조각가는 유소년 시절부터 불가와 인연이 깊은 분으로, 1970년 전국불교미술공모전에 특선과 1971년 전국불교미술전시회 무심사 특별상 등의 수상 경력을 가진 불교미술계에 최고 수준을 자랑하며, 불상과 불화를 합해 500여 점이란 다량의 실적을 쌓았다. 그중에서도 불국사 관음전에 모신 관음상이 그

노을을 등지고 / 달을 벗 삼아

대한불교조계종 제8대 중앙종회 개원 기념, 1984년

불국사 대웅전 앞에서 은사 월산 스님을 모시고 기념 촬영

의 대표적 작품 가운데 하나이다.

"선대의 찬란한 문화 명맥을 후세에 떳떳이 매듭지어 줄 수 있는 현 시점에 처한 우리들의 시대적 사명이라 느꼈기 때문에 특히 모든 세속적 조건을 떠나서 조성에 임했다"라고 하는 조각자의 말처럼 이 관음상은 정성과 열의를 다했음이 정교한 조각에 뚜렷이 나타나고 있다.

⑤ 무설전無說殿

무설전은 670년(문무왕 10)에 문무왕이 대웅전 뒤 넓은 뜨락에 세운 강당이다. 당시의 고승 의상義湘 스님과 그의 10대 제자 중 오진悟眞, 표훈表訓 등을 모셔 『화엄경華嚴經』 강론을 들었다고 한다. 신라 화엄종華嚴宗의 개조開祖이며 교학敎學에 뛰어난 의상 스님과 제자들이 강론하였다는 것은 오교五敎 중에 화엄종찰華嚴宗刹임을 알 수 있게 한다.

그렇게 원융무애圓融無礙의 사자후를 토했던 무설전도 임진왜란의 재화를 만나 주춧돌과 터만으로 오랜 세월동안 지내왔다. 이번에 무설전 빈터에도 큼지막한 무설전이 새로 들어섰다. 무설전은 불국사에서 가장 큰 건물(32간)이며, 무설無說의 설법전說法殿임을 뜻하여 중앙에는 법상인 사자좌獅子座만을 마련했을 뿐, 불상은 일체 모시지 않았다. 바닥은 옛날의 풍취를 살려 비로전·관음전과 마찬가지로 마룻바닥 대신에 전석을 깔아 고미를 더욱 느끼게 하였다.

그리고 무설전 양식은 조선 시대 때의 맞배집으로 복원되었다. 현존하는 신라시대 건물이 없는데다가 기존 대웅전·극락전 등이 조선 중기의 건축 양식이라는 것을 감안하여 이번에 새로 지은 일련의 건물들은 조선 시대의 전통적 사찰 양식을 모방해 복원하였다.

그러나 비로전만은 고찰 분위기를 풍길 수 있도록 소박한 고식의 고려 때 양식을 택하여 현존하는 우리나라 최고의 목조건물로 알려진 안동 봉정사鳳停寺 극락전極樂殿(국보 제15호)과 영주 부석사浮石寺 무량수전無量壽殿(국보 제18호)을 본떠 고려 중기의 주심포 양식으로 지었다. 그 밖의 것은 모두 조선 시대 양식으로 지어져 건물 전체의 조화를 이루었다. 다시 말해서 무설전이 조선 시대의 맞배집으로 지어졌고, 관음전은 조선 초기의 삿갓지붕 장식이 많은 다폿집으로 지어졌다.

비록 건축 면에서 이처럼 신라를 재현하지 못했다고 해서 크게 탓할 것은 없겠다. 설령 창건 당시의 모습을 그대로 되살려 놓지는 못했다 하더라도 이번 중건으로 불국사가 한국 최고의 사찰로 큰 손색은 없으며 오히려 역대 한국의 사찰 양식을 한눈에 볼 수 있도록 건물을 나열해 놓았다는 점에서 만족할 수도 있을 것이다.

⑥ 좌경루左經樓와 우경루右經樓

좌경루와 우경루는 751년(경덕왕 10)에 재상 김대성 공이 중창할 때 건립된 누각이다. 이 누각 역시 임진왜란에 재화를 입었으며, 그중 우경루는 대웅전·극락전과 같이 조선 중기에 중건이 되었으나 이번에 복원된 건물들과 조화를 꾀하기 위해서 헐고 새로 지었다.

불국사에서 법정 스님 등과 함께한 모습

서옹·자운·월산 스님을 모시고 불국사 대중들과 함께 기념 촬영

좌경루와 우경루는 대웅전 전면에 좌우로 위치한 높다란 누각이다. 그리고 이 두 누각은 불국사를 한결 돋보이게 하는 고대高大 누각으로, 마치 새의 두 날개가 하늘을 날 듯 비상하게 뻗쳐선 모양이다.

『불국사고금창기』에는 누각의 운치에 대해 "좌경루와 우경루는 각각 석주로 부용을 조조하여 수탱竪撑한 품위가 허공을 빗댄 듯하며, 가구架構의 높이는 백인百仞의 고루高樓로 익여翼如하다"라고 하였다. 과연 좌우 누각마다 전면 아래에 버티고 선 석주는 높고 멋지다. 좌경루 석주는 중간에 없어진 것을 이번에 새로 기둥처럼 평범하게 만들었기 때문에 별로 대견스럽지 않으나, 종전부터 내려온 우경루 석주 조각은 사각형으로 불거져 나온 돌을 섬돌 쌓듯 쌓아 올리되 중간이 좁고 위아래가 더 넓게 쌓아졌다. 그 모양새가 부용芙蓉을 조조雕造한 것인지 어쩐지는 분명치 않으나 어쨌든 특이한 솜씨가 일품이다.

그리고 복원 불사 과정에서 대찰을 상징하는 목어木魚, 운판雲板, 법고法鼓 등을 만들었는데, 그중 목어와 운판은 좌경루에, 법고는 우경루에 각각 안치해 두었다. 앞으로 목어, 운판, 법고는 영원히 불국사에 남아서 웅대했던 옛 가람을 되뇌게 해줄 것은 물론, 더 나아가 낭랑한 법음法音을 울려 뭇 중생의 고뇌를 시원스럽게 가셔줄 것이다.

그런데 여기에 한 가지 큰 문제가 있다. 『불국사고금창기』에 보면, 수미범종각須彌梵鐘閣이라는 것이 있는데, 이 범종각의 기단 석축을 설명하고 있는 것이 꼭 지금의 우경루 기단에 들어맞고 있다. 그렇다고 본다면 지금의 우경루는 오늘의 위치가 아닌지도 모르니 말이다.

⑦ 회랑回廊

회랑은 751년(경덕왕 10)에 김대성 공의 원력으로 건립되었다. 각 건물의 외곽을 두른 이 회랑도 임진왜란 때 소실된 후 여러 차례 중건되고 없어지곤 하다가 이번에 다시 복원을 하였다. 새 모습으로 산뜻한 단청 옷을 입고 대웅전과 극락전을 날개 모양으로 빙 둘러싼 95간 반의 회랑은 근래에 보기 드문 사찰 건물의 한 장관으로, 더욱 아늑한 분위기와 기분을 자아낸다.

이 회랑은 행랑行廊 보랑步廊이라고도 일컫는 것으로 스님이나 신도들이 비 오는 날에도 비를 맞지 않고 도량을 거닐 수 있게 한 것이다. 이러한 회랑은 비단 비를 피한다기보다도 옛날에는 사찰 건축 양식상 빼놓을 수 없는 건축물이었는데, 오늘날 문헌상에만 남고 현실적으로 어느 사찰에서도 찾아볼 수 없게 된 것은 조선 500년이란 긴 세월 동안 행해진 배불숭유정책排佛崇儒政策에서 견디지 못하고 없어진 것이 아닌가 한다. 이제 가까운 일본이나 태국 등의 사원에 못지않게 우리 나라 전래의 회랑을 복원했다는 것은 오직 불국사에만 국한된 영광이 아니요 전 사찰 건축에서 큰 수확으로 평가해야 할 것이다.

⑧ 불이문不二門

불이문은 751년(경덕왕 10)에 김대성 공이 중창할 때 건립되었다. 임진왜란으로 소실되어 흔적마저 찾아볼 수 없었는데, 여러 가지 고증과 위치 등을 참작하여 대웅전에서 훨씬 떨어진 오늘의 이 자리에 조

노을을 등지고 / 달을 벗 삼아

선 시대 양식을 본떠 1972년 11월 25일 낮 11시에 상량上梁하여 새로 지은 것이다.

불이문은 마치 속계俗界와 진경眞境을 갈라놓는 두렁과도 같이 대찰이라면 으레 전면 어귀에 놓여 진경에 들어가는 첫 관문 노릇을 한다. 또 불이의 법리法理를 상징해 초연히 서 있다.

복원 불사로 불국사의 정문이 된 불이문은 경주에서 4차선, 20m 폭으로 시원스럽게 뚫린 불국로 11.2km를 달려 20분이면 와 닿는다. 옛길을 두 배로 넓히고 연도의 경치도 잘 손질하였기 때문에 불국로의 첫 인상부터 쾌적하기만 하다. 불국사 앞 5천 평의 넓은 주차장에서 차를 버리고 누구나 150m만 걸으면 '토함산吐含山 불국사佛國寺'라는 현판이 걸린 불이문이 다소곳이 반겨준다. 불이관문不二關門인 이 불이문부터 우리들의 귀의처歸依處요 신앙의 성역은 시작되어 10만 평이란 너른 경역境域 위에 4천 그루의 각종 나무와 파릇한 잔디밭이 푸른 동산을 이룬 가운데 신라의 얼과 예술의 향기를 담뿍 머금은 최대 고찰이 면모를 갖추어 말끔히 단장되었다.

⑨ 자하문紫霞門

자하문은 751년(경덕왕 10)에 김대성 공이 건립하였다. 임진왜란 때 대웅전·극락전과 함께 담화 스님과 문도들의 결사적인 노력으로 재화에서 구출되었다. 그러나 현존하는 건물은 기존 대웅전, 극락전 등과 마찬가지로 조선 중기 이후의 것으로 추측된다. 경주의 향토사학자고청古靑 윤경렬(1916-1999)은 1628년에 다시 세운 것이라고 주장하기도 한다. 이번 복원 불사로 대웅전·극락전과 함께 새로 단청이 입혀져 한결 산뜻하고 화사하다.

자하문은 본존불本尊佛 석가모니 부처님이 계신 영산회상靈山會上의 대웅전으로 들어가는 정문이다. 영산회상의 도량은 들어가는 첫머리부터 유달리 눈부신 오색서기가 어리듯 아름답고 곱다는 뜻을 담고 있다. 불이문을 지나 한참 동안 넓게 잘 다듬어진 숲길을 비스듬히 걸어 광장에 서면 불국사의 웅장한 전면 모습이 한눈에 비친다. 신비스럽게 여길 만큼 잘 짜인 석축 기단 위에 복원된 좌우경루와 회랑을 바라보면서 청운교와 백운교를 밟고 영산불국토靈山佛國土의 장엄을 상징하여 세운 자하의 이 정문을 경건히 들어서게 된다. 그러나 청운교나 백운교에 비해 약하고 둔한 느낌이 들어 서운함을 금치 못하지만, 그래도 정면에서 쳐다보면 백운교 위에 놓인 자하문은 역시 돌 기단이 경쾌한 건축 모양으로 되어 있기 때문에 단층이면서도 2층 누각으로 착각되리만큼 수려하다. 이렇듯 실지보다도 더 웅장해 보이는 것은 전체 조화에서 오는 예술성을 발휘한 것이며 장점이다.

한편, 다른 면에서 자하紫霞의 의의를 살펴본다면 부처님의 서기광명瑞氣光名을 뜻하는 것으로, 부처님이 『법화경』을 설하실 때 두 눈썹 사이 백호로부터 광명을 놓아 동방으로 1만8천 세계를 비추는데 그 광명이 자색紫色 광명이었다고 한다. 이것을 근거로 하여 자하문을 세우게 되었다고 한다.

노을을 등지고 / 달을 벗 삼아

불국사 일주문 앞에서

⑩ **안양루**安養樓

안양루는 751년(경덕왕 10)에 김대성 공이 건립하였다. 그러나 아깝게도 임진왜란 때 불타버렸다. 오랜 시일이 지난 1926년에 이르러 중건되었으나 볼품이 없어 헐고 다시 고려 시대 양식을 택하여 1962년에 지었다. 그리고 이번 복원 불사를 기해 새로 단청이 입혀져 더없이 말쑥해졌다.

연화교와 칠보교를 밟고 오르면 안양루에 이르게 되는데, 이 문은 이상 세계인 극락세계로 들어가는 정문이다. 이 문을 통해 들어가면 이상 세계의 본당인 극락전이 있고 또 그 법당 안에는 아미타불阿彌陀佛을 본존으로 모셔서 이상 세계를 한껏 상징하였다. 문의 이름도 가장 즐겁고 평화로움을 뜻하는 '안양安養'이란 알맞은 표현으로 극락세계에 들어가는 관문의 이름을 삼고 있다. 마치 영산불국토에 들어가는 문을 가장 아름다운 표현 방법을 빌어 '자하紫霞'라 하였듯이, 이 극락세계에 들어가는 문도 극락세계를 가장 잘 상징해 주는 '안양安養'으로 붙인 것이다.

안양루를 중심하여 좌우로 회랑이 옛 모습을 되찾아 멋지게 들어섰는가 하면, 석축 기단에서 2중으로 내민 받침돌 위에 원형의 난간을 달아 안정감과 더불어 미의식도 잘 부각시켰다. 아무튼 좌우 회랑을 거니는 기분은 구품九品 연못 위로 떠가듯 극락세계에 태어난 기분이다. 그러기에 맑음에 젖고 포근함에 감싸여 절로 아미타여래께 예배하게 된다.

노을을 등지고 / 달을 벗 삼아

⑪ 범음종梵音鍾과 범음종각梵音鍾閣

유서 깊은 대찰이라면 법계를 울려 고뇌를 가시게 하는 대종이 있
듯이, 불국사에도 중창주 김대성 공이 수미범종각須彌梵鍾閣을 일찍
이 세웠음을 『불국사고금창기』를 통해 알 수 있다. 종각은 종을 안치
해 두는 곳이므로 종각 속에는 상원사上院寺의 아담한 종이든지, 봉덕
사鳳德寺의 우람한 종과 같은 신라의 신종이 있었던 것은 뻔한 일이다.
그러나 임진왜란을 당하여 웅장하고 수려하던 대가람이 잿더미로 변
할 때 종마저 녹았거나, 아니면 갖가지 보배와 귀중한 물건들이 왜인
들에 의해 약탈당할 당시에 종도 함께 없어져 버렸는지 확실히 알 수
없다. 하지만 전해오는 말로는 "임진왜란 때 왜적이 갖고 갔다" 한다.

그리하여 수백 년 동안 대종이 없는 절이었는데, 1960년에 비로소
문경 대승사大乘寺의 대종을 구입하였다. 그러나 종이 작은데다가 파
손되어 소리가 좋지 않아 이번 복원 불사 때 새 종을 만든 것이다.

범음종梵音鍾이라는 고유한 이름을 가진 이 종은 한진그룹 조중
훈 회장의 시주로 범종사가 제작한 것인데, 원료는 주석 17%와 순동
83%를 합금한 쇠 5,625kg(1,500관)을 녹여 종신 231cm, 음통 49cm,
웃지름 125cm, 아랫지름 181cm, 하부 두께 12cm의 대종이다.

범음종은 국보 제29호 성덕대왕신종聖德大王神鍾을 본떠 네 개의 비
천상飛天像을 조각했는데 그 크기는 높이 82cm, 직경 49cm이고, 그
옆 유곽은 높이 66cm, 직경 16cm로 종의 견대엔 네 개의 유곽이 있
다. 종구대鍾口帶에 아름다운 보상화문寶相華文이 정교하고 구변은 8

릉의 굴곡으로 둘렀고 매듭마다 8판 연화가 아로새겨지고, 앙련과 복련이 중첩된 원통이 있는가 하면 종신엔 화려한 연화 2좌가 이룬 당좌를 뒤에 두고 운간연대雲間連臺에서 천의를 날리고 향화를 공양하는 비천상이 구름 속에 떠 있는 조화를 낱낱이 그대로 재현하고 있다. 다만 종 머리만 국보 제36호 상원사 종과 같은 용두를 따왔을 따름이나 앞면에 '남북평화통일기원'이란 명자를 새긴 것이 오늘의 우리 소원을 담았다 할 수 있다. 또한 이 종은 에밀레종의 4분의 3정도 크기로 오늘날 사찰 중에서 가장 크며 종의 내력이 담긴 3백 자의 설명문이 주조 과정에서 약간 파열된 것은 유감이다. 비록 창작은 아니라도 전통문화의 계승이라는 점에서 근년에 드물 만큼 대견스럽다. 앞으로 전통문화의 새로운 창조로 이어져야 한다는 소망을 이 범음종의 여운에 싣고 싶다.

종각은 사찰 자체 부담으로 작은 종을 달았던 그 종각을 헐고 범음종에 알맞은 규모의 범음종각을 단층 한식으로 새로 지어 범음종을 안치하였다. 그런데 한 가지 더 살펴봐야 할 것은 옛날에 대종을 안치하였던 수미범종각의 위치이다. 『불국사고금창기』에 수미범종각의 석축 기단 형태를 수미산을 쌓듯 십자형으로 쌓아올렸다는 설명문을 봐서는 분명히 복원된 우경루 자리가 옛 수미범종각이 들어섰던 터라 하겠지만, 반대로 좌우경루의 위치 선정으로 따진다면 수미범종각이 들어설 자리가 아닌 것이다. 다시 말해서 오늘의 우경루는 위치로는 맞고 기단 설명으로는 수미범종각이 되어야 한다는 것이다. 기단

불국사를 찾은 스리랑카 스님들과 함께

불국사를 찾은 일본 불자들과 함께

설명과 위치 선정상 상충되는 수미범종각과 우경루의 모순성을 어떻게 극복할 것인지는 앞으로 연구해야 할 일이다.

석조물

① 석가탑釋迦塔

석가탑은 751년(경덕왕 10)에 김대성 공이 조성한 삼층석탑이다. 대웅전 전면 우편에 자리 잡고 있는 이 탑은 좌편에 자리한 다보탑多寶塔과 나란히 마주서 대웅전과 함께 삼각을 이루면서 하나가 된다.

국보 제21호인 석가탑은 부처님의 상주설법常住說法을 상징한 탑이다. 일명 무영탑無影塔이라고도 부른다. 그 이유를 잠시 살펴보면, 김대성 공이 중창할 때 백제의 도읍 부여에서 장공(석공) 아사달阿斯達을 초청해 탑을 조성하였다 한다. 한편 통일신라는 당나라와 밀접한 관계를 가졌고, 중국 문화에 큰 영향을 받았다. 그래서 일설에는 당나라 사람을 초청하여 탑을 조성했다고 하는 주장도 있다.

아사달의 아내 아사녀阿斯女는 남편 아사달을 찾아 먼 길을 왔으나 불사 중이기 때문에 불국사 주지는 탑이 완성될 때까지 두 사람의 만남을 극구 만류한다. 그러면서 탑이 완성되면 연못에 탑의 그림자가 비칠 것이니 그때까지만 기다려 달라고 간청한다. 10리쯤 떨어진 천연의 못(지금의 영지)에 가면 조탑하는 남편의 모습이 비칠 것이라는 말을 듣고 가서 기다렸다. 그러나 기다림의 시간은 너무 길었다. 연못 속을 지켜보기를 여러 달, 남편을 지척에 두고도 볼 수 없는 사정을 안타까워하다가 그녀는 끝내 그림자 없는(無影) 못 속으로 몸을 던지고 만다. 이런 데서 '무영탑'이란 이름이 붙게 되었다는 전설이다. 이 전설에서 옛날 사람들이 불사에 임한 경건한 몸가짐을 엿보게 한다.

그리고 법당 앞에 쌍으로 탑을 세우는 양식은 통일신라 이후로 발달한 가람 배치법인데 불국사처럼 변화가 많은 대조적인 것을 아름답게 균형 잡아 세워놓은 쌍탑은 드물다. 일반적으로 불교미의 극치라는 화려하고 여성적인 다보탑과 심플하며 장중한 남성적인 석가탑의 조화된 모습이다. 이번 복원 불사에서 기단과 탑두부가 모두 옛 모습대로 복원되었다. 높이가 일곱 자 정도 높아져 13m로 다보탑과 탑의 전고가 일치되었다.

석가탑의 구조를 살펴보면 2중의 기단 위에 세워진 삼층석탑으로 얼른 보기에는 간단한 구조로 단조롭게 보이나 다보탑 못지않게 화려한 탑이다. 기저 아래층은 넓고 얕으며, 윗층은 좁고 높아 같은 4각이면서도 묘한 대조를 이루었는가 하면, 또 기단의 하단은 낮기 때문에 견실堅實하고(방 445cm, 고 71cm) 상단은 높아 한없이 경쾌해 보인다(방 324cm, 고 145cm). 아래층과 위층에는 면마다 기둥을 네 개씩 새겨 위에 놓인 3층의 탑신을 굳건하게 받들고 있다. 탑신의 네 귀에 기둥을 새기고, 실개의 지붕은 기와집을 본떠 만들었다. 지붕(실개) 밑에는 다섯 겹의 지붕 받침(추녀로 보는 이도 있다)이 새겨져 있고, 추녀는 직선과 곡선으로 이루어졌기 때문에 부드러우면서도 힘찬 생기를 보여준다.

2층과 3층도 같은 모양으로 반복되었으나 층마다 올라가면서 크기와 무게를 줄였으므로 한없는 안정과 균형미를 느끼게 한다. 다보탑이 형형색색으로 변화있는 형태로 이루어진 데 비하여 이 탑은 같은 모습으로 반복되었기 때문에 단조로운 감이 드는 것도 사실이다. 그러나 사람의 마음을 괴로움 속에서 맑고 깨끗한 행복의 세계로 이끌어 주는 신비한 힘을 가졌으니, 아마 이러한 힘은 섬세하게 계산된 무게의 비례(균형미)에서 풍겨나온다 하겠다.

어떠한 물체 위에 그 물체보다 무거운 것이 얹혀 있으면 괴로워 보이고, 가벼운 것이 얹혀 있으면 허전하게 보인다. 그렇기 때문에 물체의 힘에 비해 무겁지도 가볍지도 않아야만 비로소 안정감을 느끼게 되는 것이다. 석가탑의 두 기단은 위에 얹힌 세 탑신을 받들기에 알맞은 힘을 가졌고, 1층은 위의 두 층을, 2층은 위의 한 층을 얹기에 각각 적당한 힘을 지니고 있다. 그러므로 괴롭지도 않고 허전하지도 않으니 즐거운 웃음이 저절로 피어나는 것은 자연스러운 일이다. 흰 화강석 탑신들이 크기를 줄이면서 차곡차곡 쌓아져 파아란 맑은 하늘을 배경으로 솟아오른 아담한 모습은 보는 사람의 마음을 감동시켜 맑고 밝은 부처님의 세계에 이끌어 주고야 만다.

탑두부에는 사각으로 튼튼히 된 노반露盤 위에 복발, 앙화, 보륜, 보개, 수연, 용차, 보주 등이 각기 특색과 의의를 지니고 정교롭게 문양이 배치되어 탑의 아름다움은 한결 더하다. 비록 다보탑에 비해 탑의 기법은 간단하다 하더라도 전체의 안정과 무게를 지닌 점이라든지, 규모

가 크고 직선으로 균형이 잡힌 우미優美 경쾌한 특질을 갖고 있기 때문에 같은 유형을 가진 탑 중에서는 가장 대표적이다.

더욱이 기단 주위에 팔방금강좌八方金剛座라 불리는 연꽃 방석이 놓여 있어 탑의 조화미와 품위를 돋운다. 네 귀의 겉은 좁은 꽃잎으로 된 생기 있는 꽃송이로 되어 있고, 그 사이마다 넓은 꽃잎으로 된 부드러운 꽃송이를 만들어 놓았다(지금은 서쪽에 좁은 것이 3개, 동쪽에 좁은 것이 1개, 그밖에 남쪽과 북쪽에 넓은 것이 2개씩 각각 꽃송이가 배열되었다). 무심히 보면 소박한 연꽃 대좌에 지나지 않으나 이곳에 법화사상法華思想의 찬란한 꿈이 암시되어 있다.

이렇게 간단한 탑이 화려한 다보탑과 대등하게 서 있는 것은 이 팔방금강좌가 지니고 있는 힘이라 해도 과언이 아닐 것이다. 그러면 팔방금강좌의 유래를 살펴보겠다. 석가여래께서 마지막으로 『법화경』을 설법하셨다. 이 경의 뜻이 너무 심오하였기 때문에 제자들이 잘 이해하지 못하고 당황하고 있을 때 땅에서 칠보탑七寶塔이 솟아오르며 큰 소리로 석가여래 말씀이 진리라고 하였다.

제자들이 "누구의 말씀이냐?"고 물었다. 『법화경』을 증명하시기 위해 오신 다보여래多寶如來라고 대답하자, 제자들은 친히 다보여래를 뵙게 해달라 하였다. 다보여래는 청정한 부처님의 세계에만 몸을 나타내는 부처님이기 때문에 악과 선으로 섞여 있는 이 세상에는 몸을 나타내시지 않는다. 그러나 그대들을 위하여 임시로 이 땅을 부처의 세상으로 만들어 놓고 다보여래를 친히 뵙게 하겠노라 하면서 백호白毫의

빛을 팔방에 놓았다. 팔방의 땅은 유리로 깔리고 나무마다 보배 꽃이 피고 보배 열매가 열리고 보배 구슬을 꿴 그물이 하늘에 처지고 헤아릴 수 없는 보배 방울이 장식되어 미묘한 소리를 내었다. 또 팔방에 금강좌金剛座를 만들고 온 우주에 차 있는 부처님의 분신分身을 모아 앉게 하니 하늘 사람들이 음악을 연주하고 향을 받들어 공양하는 찬란한 부처의 세계가 되었다. 그리하여 다보여래를 친견할 수 있었다는 감격적인 이 구절은 이 지상에서는 실현되기 어려운 부처의 이상이다. 부처님의 이상을 실현해 보인 이 감격적인 찰나의 순간을 나타낸 것이 석가탑과 다보탑이다. 중국에서는 흔히 한 대좌 위에 두 불상을 앉게 하여 다보多寶, 석가釋迦의 쌍불로 이 순간의 감격을 설명해 나타냈는데 반하여, 불국사에서는 탑으로 표현하였다. 그러기에 석가탑의 본 이름을 석가여래상주설법탑釋迦如來常住說法塔이라 하고, 다보탑은 다보여래상주증명탑多寶如來常住證明塔이라 한다. 석가탑 주위에 있는 팔방금강좌 위에는 팔방에서 모인 석가여래의 분신들의 찬란한 모습과 음악을 연주하는 하늘 사람들의 옷자락을 휘날리며 내려오는 화려한 환상이 암시되어 있는 것이다.

그러나 금강좌 위에는 이러한 광경을 만들지 않고 비워놓았다. 이것은 동양 예술에서 생명으로 여기는 여백이다. 난초 한 폭을 그리더라도 어느 한 곳을 비워놓는다. 그곳은 풀밭으로 생각하건, 바위로 생각하건, 냇가로 생각하건 감상자의 자유에 맡겨 둔다. 이것이 바로 여백이다.

노을을 등지고/달을 벗 삼아

누구나 불국사 경내에 들어서면 다보탑이 먼저 눈에 크게 띄고 석가탑에선 허전함을 느끼게 될 것이다. 그러나 석가탑 주위에 있는 팔방금강좌 위에『법화경』의 감격에 찬 환상을 머리에 그려보라. 상상력이 풍부한 사람일수록 더 찬란함을 그리게 되어 화려한 다보탑과 짝짓게 될 것이다. 다보탑이 눈에 비치는 아름다움이라 한다면, 석가탑은 마음에 비치는 정신세계의 아름다움이다.

다보탑은 기단의 네 층계가 땅 위의 꿈을 모아 첫 층인 사각에 전해준다. 땅의 꿈은 사각에서 팔각으로, 팔각에서 원으로, 원에서 다시 팔각으로 모습을 바꾸며 빙글빙글 하늘에 오르는 느낌을 준다. 반대로 석가탑에선 하늘의 꿈이 내려와 땅 위에 펼쳐지는 환상을 느끼게 되니 하늘과 땅이 하나로 융합되는 가운데 석가여래의 영원한 진리는 영원한 증명에 빛나고 있다. 크나큰 감격을 이렇게 두 탑으로 나타내었으니 어찌 이것을 우리 한국만의 보배라고 말할 수 있으랴. 길이 많은 사람들의 가슴에 아름다운 감명을 줄 온 인류의 보배이다.

지난 몇 년 전에 있었던 석가탑의 수난기를 밝혀본다. 예술의 향기를 담뿍 머금은 채 천 년의 모진 비바람에도 아랑곳 않고 의연하게 그 형태를 보존해 왔던 석가탑에 갑자기 이상이 나타났다. 1966년 9월 9일에 석가탑의 파손이 발견되어 세상이 떠들썩했다. 놀란 당국에서는 황수영黃壽永 문화재위원을 선임자로 하여 9월 9일부터 7일간 예비조사를 한 결과 풍화작용, 지진, 도굴 등으로 진단이 내려졌다. 그리하여 다시 주홍섭奏弘燮 씨를 조사단장으로 한 파손조사단이 정식 구성

월산 스님을 모시고 불국선원 앞에서 재가자들과 함께한 모습

되기에 이르렀고, 1966년 9월 18일에 도굴단이 체포됨으로 해서 파손 조사에 드러난 의견의 차이는 풀려 도굴범의 소행으로 확정되었다. "1966년 9월 2일 석가탑 2층 탑신을 들어 올렸으나 사리장치를 찾지 못하고 도주했다"는 도굴범의 자백에 따라 파손의 경위도 자세히 알게 되었으며, 탑 안이 손 타지 않았다는 데서 그나마 안심했다.

파손된 탑을 바루느냐, 그만두느냐 의견이 분분하다가 결국 석가탑을 해체·복원키로 하였다. 1966년 10월 13일 해체하던 중 실수로 3층 실개석室蓋石을 받쳤던 나무 기둥이 끊어지는 바람에 또 한 차례 탑신이 파손되는 수난을 겪었다. 한편 비장되었던 신라의 귀중한 진품들이 해체와 함께 황홀하게 쏟아져 나왔다.

부처님의 진신사리 48과顆를 비롯하여『무구정광대다라니경無垢淨光大陀羅尼經』등 2층 탑신부의 사리공舍利孔에서 사리장엄구 유물이 다수 나왔다. 사리공이란 사리를 봉안하기 위하여 탑신에 파 놓은 구멍을 가리키며, 사리장엄구란 사리를 봉안하는 데 쓰는 공예품, 곧 사리를 담는 사리구와 사리구를 탑 안에 봉안하는 사리장치를 통틀어 일컫는 용어이다. 사리공 중심부에 놓인 금동사리외함金銅舍利外函 안에 은제사리합銀製舍利盒이 들어 있었고, 그 둘레에 금동방형사리합金銅方形舍利盒과『무구정광대다라니경』등이 각종 향류香類 및 구슬 종류와 함께 놓여 있었다. 금동사리외함 주변에는 금동비천상金銅飛天像과 동경銅鏡, 목탑木塔, 경옥제곡옥硬玉製曲玉, 구슬, 향목 등이 놓여 있었고, 사리외함의 기단부 바닥에는 중수문서重修文書가 깔려 있었다.

발견된 유물은 총 45건 88점이며, 그 가운데 금동사리외함, 은제사리합, 은제사리완銀製舍利盌, 유향儒香, 금동방형사리합, 『무구정광대다라니경』, 동환銅環, 경옥제곡옥, 홍마노환옥紅瑪瑙丸玉, 수정절자옥水晶切子玉, 수정보주형옥水晶寶珠形玉, 수정환옥水晶丸玉, 녹색유리환옥綠色琉璃丸玉, 담청색유리제과형옥淡靑色琉璃製瓜形玉, 유리제소옥琉璃製小玉, 향목편香木片, 금동비천상, 동경, 차채釵, 목탑, 수정대옥水晶大玉, 홍마노紅瑪瑙, 수정제가지형옥, 유리제과형옥琉璃製瓜形玉, 유리소옥琉璃小玉, 침향편沈香片, 섬유잔결纖維殘缺, 중수문서 등 28점이 국보로 지정되었다.

그런데, 1966년 11월 3일 오후 1시에 유리제사리병이 실수로 파손된 것은 유감된 일이며, 그중에서도 『무구정광대다라니경』은 현존하는 세계 최고最古의 목판본 인쇄물이다. 목판본은 금속 활자로 찍은 활자본과는 달리 나무판에 글자를 새겨 찍어낸 책이다. 『무구정광대다라니경』은 8세기 초(710~720)에 간행된 것으로 확인되어 일본에서 나온 『다라니경』(770년 간행)과 영국 대영박물관에 있는 중국의 목판 불경(810년 간행)보다 앞선 것이다.

신앙의 성보를 모두 도로 모셔야 한다는 종단의 의사와는 달리, 우리 선조의 귀중한 유물을 세계에 자랑하자는 정부 측의 주장에 따라 1966년 12월 24일 복원과 함께 사리만 다시 도로 모시고 그밖에 사리구는 신조품(은제도금사리병銀製鍍金舍利甁 1개, 금제내호金製內壺 1개, 금제외호金製外壺 1개, 은제호銀製壺 1개, 은제고쇄銀製庫鎖 1개, 은제소합자銀製小合子 1개, 금제사화판金製四花板 1개, 목제사리병木製舍利甁 1개, 금제보주金製寶珠 마개 1개, 금제상자金製箱子 1개, 붓으로 쓴 『무구정광대다라니경』)으로 대치하여 봉안했다.

석가탑에서 나온 유물은 일괄 국보 126호로 지정돼 지금 국립중앙박물관에 전시되어 있다. 불국사에도 속히 유물관(성보박물관)이 마련되어 이번 복원 공사 중에 출토된 여러 유물들과 같이 생생한 감동과 느낌을 주는 본 고장에서 영구 보존하면서 이곳을 찾는 내외 참배인과 관광객들에게 종교의 세계가 그려낸 민족의 아름다움을 한껏 보여줘야 할 것이다.

차제에 귀의코자함은, 유명한 대찰이나 유서 깊은 고찰 유물은 모두 신앙심의 발로로 이루어진 연고지에 돌려져야만 한다는 것이다. 모든 문화재나 예술품은 우연히 조성된 것이 아니고, 깊은 연유와 특수한 사연을 갖고 지역의 토양에서 탄생된 역사적인 창조물이기 때문에 가능한 유연처나 연고지에 보존이 되어야 문화의 생명을 유지하고 역사적인 가치를 발휘할 수 있는 것이다. 더욱이 신앙 정신과 진리에 대한 귀의심에서 조성된 성보를 단순한 문화재로만 취급해 버릴 수 없다는 것을 알아야 한다.

② 다보탑多寶塔

다보탑은 석가탑과 동시대(751)에 중창주 김대성 공이 불국토를 실현하려는 염원으로 조성한 탑이다. 물론 여기에는 국태민안國泰民安이란 현실적인 기원이 곁들여진 것은 말할 나위도 없다. 불국토 건설이나 불보살의 출현이 모두 중생구제를 모토로 하고 있으니 말이다.

탑이라는 것은 본래 부처님 사리를 묻고, 그 위에 돌이나 흙을 높이 쌓은 무덤, 또는 묘를 말하는 것으로 인도에서 시작되었다. 유골을 묻지 않고 다만 특별한 영지靈地임을 표시하기 위하거나, 또는 그 덕을 앙모仰慕하여 은혜를 갚고 공양하는 뜻으로 세워진 것과 판연히 구별하였으나 후세에는 두 가지를 혼동하게 되었으며, 형태도 시대와 여러 나라에 따라 각양각색으로 변화되어 갔다.

우리나라 탑은 목탑木塔·전탑甎塔·석탑石塔 등으로 탑을 만든 재료로 구분되며, 처음에는 탑이 신앙의 대상이었으나 차츰 도량 장엄과 대찰의 상징으로 변화된 느낌이다.

목탑은 통일신라 전에 황룡사黃龍寺, 사천왕사四天王寺, 망덕사望德寺, 보문사普門寺 등에 목탑이 있어 유명했으나 진작 없어졌고, 오직 속리산 법주사에 있는 조선 중기에 중건된 오층목탑 팔상전捌相殿뿐이다. 지금 신라 고도 경주에는 75기의 석탑이 남아 번성했던 옛 사원의 편모片貌를 보여주고 있는가 하면, 통일신라 전에는 아무 꾸밈이 없던 탑들이 사천왕상과 보살상, 금강역사상, 십이지상 등을 새겨 더욱 아름답게 하였다.

국보 제20호인 다보탑은 일명 '다보여래상주증명탑'이라고 한다. 석가모니 부처님께서 설법하신 말씀이 참된 진리임을 증명하기 위해서 땅속으로부터 과거세 부처님이신 다보여래가 칠보탑을 솟아내어 증명하셨다는 경전상의 출처를 가진 탑이다. 이 다보탑은 우리나라 탑 중

노을을 등지고 / 달을 벗 삼아

에서 최기교最奇巧한 것이니, 뛰어난 형태미와 어여쁜 구조와 섬세한 표현미, 그리고 순수한 인간의 본성과 종교의 이상이 그려낸 정신미가 고루 조화된 것이다.

다보탑은 사면에 각 10급식級式 계단을 가설한 사각 기단(1각의 장 405cm, 고 227cm) 위에 세워진 삼층탑이다. 1층은 육중한 기둥 위에 날개를 편 듯 힘찬 추녀가 가로 뻗친 사각 기와집으로 되어 있고, 2층은 면마다 연꽃잎 모양으로 창문을 낸 팔각정으로 되어 있다. 둥근 연화대 위에 세워진 묘한 기둥과 피어나는 꽃송이 마냥 방사형으로 짠 서까래가 생기에 찬 팔각지붕을 받들어 하늘에 올리는 듯 장엄한 3층은 여덟 개의 대(竹) 모양 돌기둥 위에 누각을 이루고 솟아있다.

3층의 팔각지붕에는 귀마다 금풍경이 달려 있었던 흔적으로 모서리마다 구멍이 뚫어져 있다. 이 탑의 즐거움은 이 팔각지붕에서 절정으로 피어난다. 첫 층은 억센 사각, 둘째 층은 아담한 팔각, 셋째 층은 부드러운 원, 이렇게 변화를 일으켜 강함은 차츰 연약하게 되고, 억센 힘은 점점 부드러워져 둥근 연화대에서 잠깐 머물러 고요를 지니다가 다시 직선과 곡선으로 엮어진 이 팔각지붕에서 생기를 북돋우어 쨍그랑 빛나는 금빛 소리와 함께 생명의 환희가 누리에 퍼짐을 느끼게 된다. 죽었다 살아나는 기쁨, 절망 속에서 되찾은 희망, 사바세계의 고뇌 속에 지치고 힘든 중생이 진리의 빛으로 생명의 보람을 다시 찾은 듯한 셋째 층의 팔각지붕은 푸른 하늘에 찬란하게 승리의 웃음을 풍긴다.

탑의 층마다 난간으로 둘러막았다. 이 난간은 신성한 곳임을 표시한 것인데 1층 것은 사각 정자형으로 되어 있고, 2층 것은 모마다 연꽃잎 기둥을 세운 팔각 난간으로 어느 것이나 단단한 돌로 만든 것이라고는 믿을 수 없을 만큼 기기묘묘한 변화와 정교하고 섬세한 솜씨로 이루어졌다. 사각과 원은 그 성질이 극단에 있는 것이기 때문에 서로 조화가 되기 어려운 꼴들이다. 그러기에 이 탑에는 중간에 있는 2층을 팔각으로 하여 사각에도 어울리고 원에도 어울리도록 설계되었다. 그보다도 놀라운 것은 사각에 가까이 있는 1층 난간에는 직선을 많이 사용하고 원에 가까이 있는 2층 난간에는 곡선을 많이 사용하여 보는 사람의 정신을 모르는 사이에 원으로 녹아들어 융합되게끔 되어 있다. 마치 고집멸도苦集滅道의 사제四諦에서 팔정도八正道를 지나 사리事理가 서로 조화되어 모순되지 않은 원융 세계에 융합되는 것과 같다. 그리고, 기단의 계단 양가에도 난간이 있었던 흔적으로 돌기둥이 서 있으나 그 모양을 지금 알 수 없는 것이 섭섭한 일이다.

맑은 하늘 아래 펼쳐진 고운 강산에 안기어 봄, 여름, 가을, 겨울 질서 있게 바뀌는 계절을 따라 살아온 우리 겨레는 같은 것이 반복되는 것을 싫어하고, 권태 없는 청신하고 밝은 것을 동경한다. 층마다 모습을 달리하고 크기를 달리하여 풍부한 변화로 리듬을 그리며 솟아오른 이 탑의 재료가 밝게 빛나는 흰 화강석이라는 데서 우리 겨레의 이러한 성격을 더욱 짙게 나타내고 있다.

이렇게 복잡한 구조로 짜여진 이 탑이 조금도 시끄러운 번잡을 느

노을을 등지고 / 달을 벗 삼아

서옹·자운·월산·향곡 스님 등을 모시고 불국사에서 함께한 모습

끼지 않고 오히려 고요한 웃음을 느끼게 되는 것은 질서 있는 조화의 신비한 힘 때문이다. 형형색색으로 화려하게 장엄되었어도 뽐내는 기색도 아양도 없다. 이것은 과장을 싫어하고 자연스러움을 사랑하는 겨레의 마음씨다.

3층의 팔각지붕 꼭대기에 꽂아진 상륜上輪에는 노반露盤, 복발伏鉢, 앙화仰花, 세 겹의 보륜寶輪, 보개寶蓋, 네 토막의 간석干石 등 열두 가지나 되는 석재품으로 쌓아져 있건만 그 모양이 반복된 것이 하나도 없다. 혹은 굵고, 혹은 가늘고, 혹은 모나고, 혹은 둥글고 어느 것은 위로, 어느 것은 아래로 향해 서로 받들고 서로 이끌며 빙글빙글 솟아오르는 이 즐거운 아름다움을 어떻게 말로 표현할 수 있으랴. 눈에도 잘 뜨이지 않는 높은 곳에까지 정성을 다해 손질했음은 종교예술이 지닌 성실성이겠지만 이 풍성한 변화가 하나로 조화를 이루어 부처님의 나라에 피어나는 이 탑의 밝은 웃음은 겨레의 얼을 길러 형상으로 쌓아놓은 우리의 아름다움이요 우리의 영광이다.

그리고 기단의 사면 네 곳에 높이 78cm의 석사자(石獅)가 안치되어 탑의 무게를 더욱 자아내게 했던 모양이다. 하지만 다보탑의 석사자는 9세기 초에 만들어졌으며, 다보탑에 원래 안치되었던 것이 아니라고 보는 주장도 있다. 여하튼, 지금은 네 곳에 놓였던 네 마리의 사자 중 3개는 없어졌고, 단지 1개의 사자만이 남아 옛날의 위풍을 다소나마 짐작케 한다. 잃어버린 3개의 사자 중에 1개는 벌써 오래전에 없어졌지만, 2개의 사자는 최근까지도 상존했던 모양이다.

즉 1902년에 일본인 세키노 다다시(關野貞)가 불국사를 답사할 때, 다보탑 네 모퉁이에 서있던 석사자 3개 중 2개가 합방 후 그가 다시 한국을 방문하여 불국사 조사 때 살펴보니 없어졌다고 하였다. 한편 1926년 이후에 '다보탑의 석사자 1개는 일본에 있고, 1개는 런던의 대영박물관에 있다'는 풍문이 떠돌았지만, 사실이 밝혀지지 않았다. 세키노 다다시의 말을 미루어 봐서 잃어버린 3개의 사자 중 2개의 사자가 최근까지도 다보탑에 안치했었다는 사실만은 틀림없는 것 같다.

다보탑이 통일신라시대를 대표하며, 세계 어느 탑에 비겨도 수려하고 우미優美한 것처럼 석사자도 통일신라시대의 씩씩한 기상과 화려한 미를 고이 간직하였다. 꽃잎마다 보상화寶相華가 새겨져 있는 연꽃 위에 가슴을 펴고 앞발을 버티었으며, 입을 크게 벌려 웃고 있는 상이다. 탄력 있는 근육에는 피가 도는 듯, 아무리 무섭고 사나운 마군상이라도 금방 꺾어버릴 태세며, 터럭과 발톱에도 예민한 신경이 깃들어 힘이 곤두섰는가 하면, 화려한 목걸이는 곱고 아름답다.

그런데 여기에 탑신과 기단을 보는 견해 차이가 있다. 즉 네모로 된 첫째 층 탑신까지를 기단에 포함시켜 보는 견해이다. 그러니까 지금 여기서 이야기한 첫 층은 탑신이 아니고 위층 기단이 되고, 둘째 층이라 한 것이 1층이 되고, 누각 기둥이라고 한 대나무 모양과 연꽃이 2층이 되고, 누각 위에 보이는 장화를 거꾸로 세운 듯한 것을 3층으로 계산한 것이다.

만약 그렇게 된다면 기단의 세력은 반 이상 커지고 탑의 본체인 탑신은 아주 빈약하게 보인다. 비례를 아름다움의 생명으로 알던 통일신라 중엽에 그렇게 할 리는 만무하다. 다보탑은 워낙 다이나믹한 다양성과 특수성을 가진 탑이기 때문에 탑신과 기단의 견해차도 나옴직해보이나, 다보탑은 어디까지나 전체에서 풍기는 아름다움인 까닭에 층수야 어떻게 계산하든 층에 구애되지 말고 전체를 하나로 보는 안목이 무엇보다 필요하다.

③ 사리탑舍利塔

본래 부처님이나 스님의 사리를 봉안한 데서 사리탑舍利塔이란 명명이 붙게 되었지만, 오늘날 사리가 유존遺存되어 있지 않고 보니 누구의 사리탑인지 알 수 없다. 사리탑 조성 연대도 신라 중기의 특색을 발휘하고 있는 점으로 보아 신라 예술의 원숙기圓熟期에 조성되었거나 아니면, 고려 초기 것으로 추측된다. 보물 제61호인 사리탑은 무설전 서북변에 자리한 비로전지毘盧殿址 앞에 서 있던 것을 이번 복원 불사를 기해 오늘의 유물관 전면으로 옮겨 보존하게 되었다.

이 사리탑은 모두 적미赤味의 청회색青灰色을 띤 조질粗質의 화강석에 조성되었고, 그 형은 보통의 석탑보다 뛰어나면서도 유사점을 지닌 우아한 탑이다. 맨 아래 사각형의 지반 위에 꽃잎과 아름다운 안상眼象이 새겨진 팔각의 지대석地臺石(각면광 41cm, 고 20cm)을 얹었다. 다시 그 위에 탐스러운 아홉 잎 연꽃이 꽃잎을 밑으로 하여 서로 얽힌 9각 9변의 복련좌覆蓮座(고 26cm)가 곱게 피어오르는 구름 무늬가 고육

노을을 등지고 / 달을 벗 삼아

高肉하게 조각된 속석束石(석단의 간석竿石에 해당됨으로 간석이라고도 함. 고 48cm, 하경下徑 43cm)을 받들어 올리고 있다. 구름의 속석은 올라갈수록 약간씩 장구 모양으로 엷게 퍼져서, 갓 핀 듯 생생한 연잎의 연꽃 송이인 중대의 앙련양仰蓮樣(고 25cm, 상면10각형 각면광 23cm)을 받치고 있는데, 이 앙련양은 10각 10판으로 이루어졌으며, 각 판마다 풍비豊肥하고 수연秀妍한 아취雅趣가 풍긴다.

중대 앙련양의 연꽃 위에 석등의 화대에 해당하는 둥그스름한 탑신 (고 51cm, 저부경 44cm)이 놓였는데, 이 탑신은 평면 원형에 상부에는 좁은 연화양대蓮花樣帶를 둘렀으며, 하부에는 4본의 주양柱樣에 의해 4구區로 나눠져 각 구마다 상부에는 화두양華頭樣으로 된 네 개의 불감실佛龕室이 있다. 특히 인접한 양감兩龕 내에는 두 불상이 있는데, 정면 감실엔 항마상降魔相의 석존釋尊이며, 옆의 감실은 다보불多寶佛인 듯하다. 두 불상 모두 배광背光을 띠었으며, 석존의 연좌는 풍미豊美하는 한편, 다보불상의 연좌는 조금 간단한 셈이다.

그리고, 다른 두 감실 내에는 공양을 올리는 천부와 같은 상을 조각했는데 범천梵天과 제석천帝釋天인 듯하다. 왼쪽 상은 보관을 쓰고 길상천吉祥天과 같은 복장에 오른손에는 삼고양三鈷樣을 들었으며, 오른쪽 상은 동양의 복식에 양수를 흉변에 대고 불자拂子와 같은 자루를 수평으로 잡고 있다. 이 불佛·천상天像은 부조한 수법이 청련淸鍊하며, 온려溫麗 우아하다. 그 밖의 공간에도 빈틈없이 구슬, 꽃, 구름 등으로 장식되었다. 탑신 위에는 12각의 기와집 지붕을 본떠 만든 실개석悉皆石이 얹혀 있는데, 열두 개의 추녀마루는 사이사이 한 줄씩 도중에서 사라지고 지붕 꼭대기에서는 여섯 모로 바뀐다. 실개석 정상 노반 위에는 편구양扁球樣만이 지금 얹혀 있지만, 당초에는 편구양 위에도 보개보주양寶蓋寶珠樣이 더 있었을 것으로 보인다.

단조로운 일반 사리탑과는 달리 4각, 8각, 9각, 10잎, 12각, 6각으로 모양을 바꾸면서 변화를 주었으나 부자연스럽지 않고 그저 맑고 겸손하여 즐겁기만 하다. 한없이 부드럽고 아담한 이 사리탑은 열반적정의 불세계를 동경하여 이룩해낸 조촐한 광휘이다.

소중한 이 사리탑도 하마터면 영원히 그림자마저 볼 수 없을 뻔했던 숱한 우여곡절과 한 많은 사연을 안고 있다. 경주에는 우리나라 문화재가 질적 양적으로 가장 풍부하게 유존되어 있는 곳이기에 우리나라 문화재에 눈독을 들인 일제의 문화재 약탈 행위는 더욱 가혹하고 공공연히 자행되었다. 그래서 문화재 일부는 일제에 의해 뜻하지 않은 수난과 위험을 당하며 애환이 교차되는 감회 어린 일도 있었다.

이러한 애환이 뒤섞인 예를 이 사리탑에서도 찾아볼 수 있다. 즉 불국사 비로전지 앞에 서 있던 이 사리탑을 비롯하여 다보탑 사우에 안치되었던 석사자상 3개, 석굴암 내의 11면 관음보살상 앞에 서 있던 아담한 대리석의 소석탑과 굴내의 감실에 봉안된 유마거사상 두 개의 행방이 묘연하다. 그러나 잃어버린 성보聖寶 중 이 사리탑만은 어느 일본인의 갸륵한 정성으로 현해탄을 건너 무사히 우리 품안에 돌아와 다시 본래 자리에 모셔진 것이다. 1934년에 사리탑이 일본 동경 상야의 '정양헌靜養軒'이란 요정 정원 뜰에 진열하여 관람되던 것을 당시 동경의 와까모도회사 나가오 긴야(長尾欽彌) 사장이 구입하여 자기 정원에 두고 세키노 다다시(關野貞)에게 감정을 의뢰한 인연으로 그것이 불국사의 사리석탑임을 확인하게 되었다.

세키노 다다시는 일본의 저명한 고고학자로 일찍이 조선총독부의 촉탁囑託으로 우리나라 유적과 유물을 조사한 바 있었기 때문에 우리나라 문화재 상황을 누구보다 잘 알고 있었다. 그는 "불국사 사리탑의 소재를 확인하려고 20년래 시종 심두에 잊지 않았다"는 고고학자다운 말을 하기도 하였다. 세키노 다다시 박사가 당시 조선총독 우가키(宇垣)가 일본 본국에 들른 것을 기회로 우가키에게 사실을 알려 함께 나가오 사장 집을 방문하였다. 이때 나가오 사장은 우가키에게 서슴지 않고 "이 보물을 무료로 반환하겠다"고 제의하면서 본래 위치에 사리각舍利閣을 지어 보존하라며 희사금까지 냈다.

소식을 들은 조선우선朝鮮郵船 삼삼 사장이 무료로 운송해 주어 귀중한 이 성보는 환국되었다. 총독 우가키는 총독부에 명령하여 사리각을 짓게 하였는데 총독부의 소천경길의 지휘감독으로 공사를 진행하던 중 사리탑 실개석 파편이 출토되어 탑의 옛 모습을 찾게 되었다. 사리각을 준공하여 사리탑을 원위치에 놓고 총독을 대리한 총독부 학무국장 도변渡邊이 참석한 가운데 성대한 준공식을 거행했다.

사리탑은 뭇 수난 속에서도 갸륵한 나가오 사장과 세키노 다다시 박사의 국가를 넘어선 문화재 애호정신에 힘입어 오늘도 조국의 옛터에서 빛나고 있다. 하지만 석사자나 석굴암 소석탑 등은 어느 하늘 아래에서 조국을 그리고 있는지, 생각할수록 애환이 북받쳐 오른다. 그리고 이러한 슬픈 사연을 안은 귀중한 우리나라 문화재가 숱하게 타국의 그늘진 응달에서 팽개쳐 있을 것이다.

④ **부도**浮屠

부도는 탑의 이칭異稱이었지만, 후세에 접어들어 스님의 사리나 유골을 넣은 석종石鍾을 두고 보통 부도라 일컫는다. 이 부도는 어느 스님의 부도인지 알 수 없으나, 조각된 우수한 솜씨로 보아 고려 시대 어느 스님의 부도일 것 같다.

비교적 간결한 이 부도는 사각의 지반석과 이중 연화대 위에 둥근 탑신을 얹고 팔각의 실개석을 덮은 것인데, 연화대 밑에 연꽃은 소박하고 위로 향한 연꽃은 화려하다. 둥근 탑신은 소박한 편이나, 그 위에 덮힌 팔각의 실개석은 귀꽃마저 되어 있어 한없이 화려하다. 연꽃을 수놓은 받침대 위에 연꽃 보주를 얹어 맨 위를 장식한 모양이나, 지금은 없어지고 엇비슷한 자연석으로 보주처럼 얹어 놓았다. 이 부도는 동남쪽 몇 백 미터 떨어진 밭에 있었던 것을 연화교 앞마당에 옮겨 놓았었는데, 이번에 복원 불사를 하며 오늘의 자리에 옮겨진 것이다.

그리고 석굴암 쪽으로 올라가는 남동편 200미터 지척에 큼지막한 전형적인 석종형의 부도가 있다. 옆에 '건륭乾隆 갑오(1754) 11월 일립日立'의 '서악당대선사도진지탑西岳堂大禪師道秦之塔'이란 비가 있어 이 부도의 본색을 알게 해준다. 이 부도의 주인공 서악西岳 대선사大禪師는 성혜性慧 이하 14명의 제자와 상좌, 손제자 등이 비문에 적혀 있는 것으로 보건대, 상당히 영향력이 컸던 조선 말기의 고승인 듯하다. 또 이 부도에서 약 100미터쯤 떨어진 곳에서도 부도 3기가 있는데, 모두 조선 시대의 부도라 여겨진다.

⑤ **석등**石燈

대웅전 앞 장중한 석가탑과 화사한 다보탑 사이에 경쾌하고 우아한 석등이 있다. 『불국사고금창기』에는 '광명태光明台'라고 적혀 있다. 그것은 부처님의 지혜를 간직하는 광명태라는 의미이고, 일반적으로는 석등이라 일컫는다. 이 석등도 김대성 공이 751년에 조성한 것이다.

고래로 석등에 불을 켜는 것은 생활에 불편을 덜기 위한 것이지만, 다른 한편으로는 매우 중요한 은유를 갖고 있다. 불빛이 세상의 어둠을 없애는 것이라면, 부처님의 지혜는 사람의 마음속에 도사리고 있는 온갖 무지와 부정을 제거해 주는 불빛이다. 그렇기 때문에 부처님의 지혜는 불빛으로 은유되며 따라서 등불이나 촛불도 함께 중요하게 여겨왔던 것이다. 이 석등은 바로 그러한 부처님의 지혜를 상징해 모신 일종의 법당과도 같은 것이리라.

이 석등은 높이 3.3미터로 연꽃을 새긴 기석 위에 간석이 섰고, 간석 위에는 연꽃으로 된 중태석이 안전하게 놓였다. 중태석을 받침으로 한 화대火袋는 팔각형에 사면은 창문이다. 화대 위에는 팔각 기와집을

일본 불교 대표단과 불국사 총지당 앞에서 함께한 모습

본뜬 실개석이 덮혀 불빛을 보호하기 때문에 화사火舍라고도 하며, 꼭지에는 구슬 모양으로 된 보주寶珠가 있다. 이 석등은 대체로 꾸밈이 없기 때문에 소박한 서민적인 맛이 풍기며, 굳센 의지력과 균형 잡힌 모습은 아주 늠름하다. 그리고 이 석등 앞에 면마다 안상을 새긴 장방형의 석태가 놓였는데, 석태의 용처에는 여러 이견이 있다. 향을 피우는 봉로태烽爐台였을 것이라고 보는가 하면, 등화燈火를 켤 때 밟는 답석踏石, 또는 예배하는 배석태拜席台 등의 엇갈린 주장들이다.

그리고 극락전 앞에도 규모는 좀 작지만 같은 형의 석등과 장방형의 석태가 놓여 있다. 또한 복원 이전의 관음전지에도 이러한 석등의 기초석은 있었다고 전한다. 아마 옛날에는 각 법당 앞마다 석등이 있어 도량의 안팎을 밝혔을지도 모른다.

⑥ 청운교青雲橋와 백운교白雲橋

국보 제23호 청운교와 백운교는 도량에 들어서면 제일 먼저 눈에 띈다. 넓은 광장 위쪽으로 산기슭을 석단石壇으로 높이 쌓아 올려 고태가 된 깎아지른 듯해 보이는 정면의 석제石梯가 바로 청운교·백운교이다. 운제雲梯랄 수 있는 청운교와 백운교도 여느 석조물과 마찬가지로 751년에 대중창주 김대성 공이 조성한 것이다.

마치 구름 위에 날개를 펼친 듯 우미하게 솟은 좌경루와 우경루를 좌우로 두고, 한복판 중앙에 베풀어진 이 석단의 큰 다리는 바로 지상에서 천국을 그리듯, 사바를 넘어 불국토로 향해 오르는 이상 실현의 매개물이다. 자연석을 반듯하게 장방형으로 다듬어 쌓은 하층의 청운교를 밟고 위층의 백운교로 올라 점차 아름다움이 가미된 자하의 문을 들어서면 지상에서 불국토를 실현시킨 본당에 참배하게 된다.

청운교와 백운교의 중간 지점에는 돌난간으로 화려하게 장식된 서쪽의 우경루 밑을 지나 서방정토를 구현해 낸 극락전으로 통하는 길이 나 있는가 하면, 동쪽으로는 우경루 아래까지 갈 수 있는 짧은 길이 있다. 길이 6.3m인 청운교와 5.4m인 백운교에는 복판과 양 가로 세 줄의 긴 장태석이 놓여 있어 더욱 장관이다. 세 줄로 힘차게 하늘로 그어진 장태설의 밝은 선을 볼 때 저절로 마음이 끌려 불국에 오르게 된다. 특히 청운교 밑에는 둥근 아치와 무지개 모양의 원형을 이루고 있다. 시멘트가 아닌 석재로 아주 훌륭하게 둥그스름한 천정을 덮었는가 하면, 거기에서 풍기는 전체적인 곡선미는 더욱 위대하다. 그리고 여러 층으로 누워 있는 수평선들이 많은 수직선에 받들렸기 때문에 한없는 고요감을 안겨준다. 그런가 하면, 안정된 긴 기단 위에는 둥근 곡선으로 변화를 주었으며, 수평선에는 태양이 솟아오르듯 생동하는 기운이 넘실거린다. 더구나 파손되어 없던 석동간石棟干을 다시 말끔히 달아 전체를 잇는 일체감과 함께 안정미가 한결 돋보인다.

그리고 하층 청운교는 일반인의 목적을 뜻한 것으로, 입신출세하여 청운에 오를 것을 보여주고 있다. 일단 인간적인 모든 요소(청운)가 갖추어져야 무엇이든지 할 수 있다는 것이겠다. 부처님께 귀의하여 불국토에 올라가는데도 제 일차적으로 인간의 청운이 밑바닥이 된다는 것이다. 그래서 이 청운교는 인간의 계위라고 봤던 당시 신라의 17직품제를 본떠 17층의 섬돌로 쌓아졌다.

상층 백운교는 수도인의 자세를 뜻한 것으로, 백운처럼 아무 데도 구애되지 말고 수도에 전력할 것을 촉구한다. 다시 말해서 세속적인 청운의 뜻을 완성한 후에는 더 이상 거기에 머뭇거리거나 집착을 해서는 안 되며, 어디까지나 모든 부귀공명을 벗어버리고 종교의 세계로 나아가야 한다는 것이다. 그리하여 불생불멸의 높은 불세계를 향해 올라가는 데는 무엇보다도 10선과 5행의 수행법을 닦게 된다고 신라인들은 보았기 때문에 그러한 수행의 덕목을 상징하여 백운교는 15층의 계단으로 쌓았다. 아무튼 사람은 누구나 마침내 종교의 세계에 귀의해야 할 필연성을 시사해 주는 것이 이 청운교와 백운교의 본뜻이라 하겠다.

이렇게 하층을 청운교, 상층을 백운교라고 보아온 것과는 정반대의 견해가 있다. 다시 말해서 하층을 백운교라고 보는가 하면, 상층을 청운교라고 하는 주장인데, 여기에 따르면 부처님의 세계에 들어가는 데에 있어서도 모든 색깔의 바탕을 이루고 있는 백색의 아름다운 부분부터 먼저 밟고 나서 차츰 짙은 청색과 재색으로 오색의 아름다움을 펼친 가경佳景의 불세계로 오르는 것이 순서라는 것이다. 이 주장은 불세계의 아름다움을 빛깔로 상징해 보려는 근거이다. 상하의 양교를 어떻게 보든 잘못은 없을 것 같다. 양 견해가 모두 불세계로 오르는 관문임을 상징하려는 본의에는 조금도 어긋나지 않으니 말이다.

⑦ 연화교蓮花橋와 칠보교七寶橋

연화교와 칠보교는 현실에서 불국토를 구현시킨 대웅전의 축석보다 좀 낮게 축석이 되어진 지반 위에 이상 세계가 펼쳐진 극락전 앞에 놓여 극락정토를 향해 들어가는 관문임을 상징하는 고귀한 다리이다. 청운교·백운교가 대웅전을 향해 오르는 정문에 놓인 다리라면, 그 옆쪽에 규모가 좀 작은 동양同樣의 구조로 축조가 된 것이 바로 국보 제22호 연화교·칠보교이다.

하층 연화교는 연꽃잎을 곱게 새긴 돌로, 열한 층계씩 두 줄로 쌓고 두 줄의 층계 사이에 또 좁은 돌로 열한 층계를 쌓아 비교적 다른 다리보다 화려한 변화를 이루고 있다. 상층 칠보교는 일곱 층계씩 두 줄로 쌓아 칠보의 이미지를 부각시켰다. 이 칠보교는 두 줄의 층계 사이에 긴 장태석長台石을 놓아 오르고 내리는 길을 갈라놓았는가 하면, 장태석 밑에도 장식으로 한 층계가 놓였다.

이 두 다리의 층계 수는 모두 합하여 48층계이니, 이는 아미타불이 오랜 세상에 걸쳐 48대원에 의해 보살행을 닦은 원력과 공덕으로 극락정토가 성취되었음을 상징해 설계된 것이다. 칠보로 꾸며지고 장엄된 극락의 연화대에 앉아 무생법락無生法樂을 수용하려면, 두 다리가 내포하고 있는 한 층계 한 층계의 깊은 의미를 소요하고 관조하여 자심의 미타에 조용히 귀의해야 할 것이다. 그리고 이번에 복원 불사를 기해 파손되었던 각종 석동간을 모두 새로 달아 한결 운치가 들지만, 각 석교의 통행을 차단하였기 때문에 그 옛날처럼 거닐 수 없게 되었

노을을 등지고 / 달을 벗 삼아

다. 아무리 보호를 위해 부득이 취해진 조치라 하더라도 못내 아쉽고 한스러운 일이다.

전각 및 성보문화재 소개

◉ 청운교와 백운교

청운교와 백운교는 751년에 만든 다리임. 위의 청운교와 아래의 백운교는 모두 부처님 나라의 아름다움을 구름 빛깔로 표현한 것임. 특히 백운교 안쪽 아치형으로 된 한복판에 중심석이 놓여 전체를 역학적으로 구성한 것은 고도의 기술이 발휘된 것임. 국보 제23호.

◉ 팔방금강좌

팔방금강좌는 석가탑 주위 팔방에 연꽃무늬로 조각된 여덟 개의 좌대 중에 하나임. 부처님께서 『법화경』을 설하실 때 빛을 팔방에 놓아 마련된 금강좌임. 온 우주에 찬 부처님의 분신이 모여 앉았던 자리인데, 그때의 감격적인 순간을 암시한 것임. 그 위에 부처님을 조각해 모시지 않은 것은 동양 예술의 여백으로 비워 둔 것임.

◉ 회랑의 외부

기다랗게 늘어선 건물은 대웅전 왼쪽을 둘러싼 회랑의 외부 모습임. 도량을 아늑히 감싸주며 비를 맞지 않게끔 법당 사이를 연결한 회

재가신도들과 석굴암을 참배하고 기념 촬영

랑은 신라 7대 사찰 건축 양식의 하나로 손꼽혔지만, 후대에 오면서 어느 절이나 자취를 감추고 말았음. 불국사 회랑은 751년에 세웠으나 임진왜란에 불타버림. 1972년에 복원 공사 때 빈자리에 95칸 반이란 긴 회랑을 다시 세움.

⊙ 무설전

무설전은 670년에 세움. 임진왜란 때 소실되었다가 1708년 중창되었고, 몇 차례의 중수를 거쳐 1973년 현재의 건물을 복원하였다. 정면 8칸 측면 4칸의 주심포식 맞배지붕 목조 건물로 우리나라에서 가장 큰 맞배집임. 의상대사와 그의 제자 표훈·신림 등의 고승 대덕들이 설법하였던 강당임. 이러한 설법을 통해 신라에는 호국불교의 사상이 싹트게 되었으며 동시에 부처님의 나라로 꽃피울 수 있었던 것임.

⊙ 대웅전

대웅전은 528년에 세움. 임진왜란 때 대웅전과 극락전 및 자하문은 담화 스님에 의해 구출되었음. 다른 2천여 칸의 목조건물은 모두 불타버림. 1972년 복원 불사 때 단청만 다시 하였음. 앞에 보이는 석등은 751년에 세움. 바닥에 깐 돌은 1972년에 복원 공사 때 깐 것임.

⊙ 대웅전 불상

오색금단청으로 장식된 대웅전 내부에 수미단 북편이 가설되었음.

그 위 중앙에 영산불국토의 주불이신 석가모니불을 중심으로 해서 왼쪽에 미륵보살과 가섭존자, 오른쪽에 제화갈라보살과 아난존자를 각각 모셨음. 부처님께서 중생들을 바른 곳으로 인도하기 위해서 사바 세계를 굽어 살피며 설법하는 모습임. 그 양옆의 미륵보살과 제화갈라 보살은 영락이 하늘거리는 보관을 쓰고 부드럽게 미소를 지으며, 부처 님의 뜻을 받들어 손가락을 짚어가며 설법인상으로 섰음. 또 손가락 을 마주 잡은 가섭존자와 합장을 한 아난존자를 각각 모셨음.

⊙ 칠보교와 연화교

칠보교와 연화교는 751년에 만듦. 위의 칠보교와 아래의 연화교는 모두 극락세계의 장중한 모습과 맑고 깨끗하게 꾸며진 이상 세계를 상 징한 것임. 둥글한 돌난간은 중년에 모두 없어진 것인데, 복원 공사로 새로 만들었음. 국보 제22호.

⊙ 십육나한

십육나한은 대웅전 동편에 임시로 마련된 단상에 모셔진 불상임. 중앙에 석가모니불을 중심하여 왼쪽 미륵보살과 오른쪽 제화갈라보 살을 각각 모셨음. 양옆에는 부처님의 열여섯 분의 제자, 십육나한을 모셨음. 나한전이 임진왜란 때 불타버렸기 때문에 임시로 대웅전에 마 련한 것임.

◉ 연화교의 연화문蓮花紋

연화교 계단 바닥에 연꽃무늬가 정교하게 새겨졌음. 연화교는 연꽃을 새긴 돌을 열한 층계씩 두 줄로 쌓고 두 줄의 층계 사이에 또 좁은 돌로 열한 층계를 쌓아서 다른 다리보다 화려한 변화를 이룸.

◉ 관음전

관음전은 자비의 화신인 관세음보살님을 모신 법당으로 751년에 세움. 임진왜란 때 불타버림. 1971년 속리산 법주사의 관음전과 울진 불영사의 응진전을 본떠 조선 초기의 다폿집 양식으로 다시 세움.

◉ 관세음보살

관음전에 모신 관세음보살상. 1973년 복원 공사 때 경주 불석으로 높이 1.6미터 관세음보살입상을 새로 조성했음. 서운瑞雲을 타고 사바세계에 내려오셔서 일체 고통을 받는 중생을 제도코자 감로 법우를 기울이는 모습을 짓고 계시므로 '서운관음'이라 함. 특히 서운의 이미지를 부각시키려는 의도에서 연화대 밑에 구름을 조각한 것은 바람직한 착상임. 옷깃과 소매자락이 바람에 날리는 듯한 부드러운 감이 풍기는 정교한 솜씨가 눈에 띔.

◉ 극락전

극락전은 574년에 세움. 임진왜란 때 담화 스님과 문도들에 의해 병

젊은 시절의 어느 봄날

화에서 다행히 구출되었음. 극락전은 많은 중생들이 극락세계에 태어나기를 발원하며 동경하는 이상 세계, 즉 극락세계의 주불이신 아미타불을 모신 법당임.

◉ 아미타불

극락전 내부 수미단 위에 극락세계의 교주인 아미타불이 결가부좌로 앉으신 모습. 바른 손을 무릎 위에 얹고 엄지와 장지 손가락을 접어 극락에 태어나는 이치를 설법하시는 자세임. 인자하고 침착한 모습은 한없이 안정감을 보여줌. 574년에 금동으로 조성된 신라 동불의 대표적인 불상으로 국보 제27호.

◉ 비로전

비로전은 법신불인 비로자나불을 모신 법당으로 574년에 세움. 임진왜란 때 불타버림. 1971년 영주 부석사의 무량수전과 안동 봉정사의 극락전을 본떠 고려 중기의 주심포 양식으로 다시 세움.

◉ 비로자나불

비로자나란 '빛이 온 누리에 차 있다'라는 뜻으로 진리의 세계를 상징하는 부처님. 비로전에 모신 부처님으로 높이 1.81m임. 574년에 아미타불과 함께 금동으로 조성한 6세기 중엽의 대표적 금동불상임. 신라의 3대 금동불상으로 백율사의 약사여래상과 함께 손꼽힘. 떡 벌어진 어깨와 꼭 다문 입술, 아래 세계를 내려다보는 자비로운 눈, 단정히 결가부좌하고 앉아 모든 진리는 하나로 돌아간다는 약속을 나타낸 지권인智拳印을 한 손을 가슴 앞에 들고 있는 힘찬 모습은 지혜와 위엄이 넘쳐 보임. 국보 제26호.

⊙ **우경루**

우경루는 높이 솟은 누각으로 마치 하늘나라의 누각을 연상케 함. 자연석과 잘 다듬어진 석축 기단 위에 2개의 석주를 멋지게 세웠음. 수미산을 모방했다는 이 석주는 사각형으로 불거져 가운데가 좁고 위아래가 넓으며, 섬돌을 쌓아 올리듯 정교하게 쌓았음. 751년에 세움. 임진왜란 때 불타버림. 1612년에 중건되었으나 이번에 복원된 여러 건물들과 조화를 꾀하기 위해서 1972년에 헐고 다시 세웠음.

⊙ **좌경루**

751년에 세움. 임진왜란 때 불타버림. 1972년 복원 공사 때 다시 세움. 자연석과 섬돌로 쌓은 하층 기단 위에 연꽃 주춧돌을 놓고 연꽃으로 장식된 팔각기둥을 상층 기단 높이로 2개를 세워 그 돌기둥 위에 추녀를 활짝 편 좌경루가 화려하게 섰음. 좌경루는 우경루와 함께 도량을 장엄하는 높은 누각으로 마치 새의 두 날갯죽지가 하늘을 날듯 뻗쳐선 모양임. 다포양식에 따라 장엄스럽게 포개진 포면과 말끔히 단청된 누각 내부에 새로 만들어 단 목어의 모습은 한결 의젓함. 목어는

노을을 등지고 / 달을 벗 삼아

전국 주요사찰 주지 및 종단 지도자 교육 기념 촬영

물에서 사는 모든 동물의 괴로움을 없애고 부처님 나라에 태어날 것을 발원하는 뜻에서 아침저녁 예불 때 울리는 법기法器임.

⊙ 회랑의 내부

도량을 감싸서 아늑한 정취를 자아내게 하는 회랑의 안쪽 모습. 질서 정연하게 놓인 주춧돌 위에 엔타시스(Entasis)법을 도입한 회랑의 기둥은 화려하기 짝이 없음. 사람들이 드나드는 문이 묵직하게 달렸고 멀리는 우경루에 놓인 북이 보임.

⊙ 석가탑

국보 제21호 석가탑은 751년에 세움. 부처님께서 설법하는 높은 덕상과 상주 설법을 상징한 것임. 탑신 내부에는 부처님의 진신사리 48과와 『무구정광대다라니경』 등이 봉안되어 신앙의 대상이 됨. 무영탑이라고도 부르는데, 그 유래는 조각가 아사달과 아내 아사녀 사이에서 비롯된 것임. 웅건하며 장중히 높이 솟은 3층의 모습은 전체의 안정과 무게를 지녔음. 규모가 크고 직선으로 균형이 잡힌 우미 경쾌한 이 탑은 신라 시대의 같은 유형의 탑 중에서 가장 대표적임. 파손되었던 상륜부가 복원 공사에 따라 모두 옛 모습대로 복원되어 탑의 아름다움은 한결 더함. 높이 13m로 마주 선 다보탑과 탑신의 전고가 같음.

⊙ 다보탑

국보 제20호 다보탑은 751년에 세운 것으로 '다보여래상주증명탑'이라고도 부름. 석가모니 부처님께서 말씀하신 설법이 참된 진리임을 증명하기 위해서 땅속으로부터 과거세 부처님이신 다보여래가 칠보탑을 솟아내어 증명하셨다는 경전상의 출처를 가진 탑. 사면에 각 10급식 계단을 가설한 사각 기단 위에 날개를 편 듯 힘찬 사각과 면마다 연꽃잎 모양으로 창문을 낸 아담한 팔각과 둥근 연화대에 피어난 부드러운 원형의 장엄한 3층은 기기묘묘한 변화와 정교하고 섬세한 솜씨로 이루어졌음. 화사한 특수형의 다보탑은 다양한 형태미와 정신미를 조화시킨 종교 예술의 극치임.

⊙ 법고

우경루 내부에 나무로 만든 거북형의 좌대 위에 편안히 놓여 있는 법고는 1970년 복원 공사 때 만들었음. 법을 설하는 것을 '법고를 울린다'고 하여 불법을 북에 비유하는 데서 유래되었는데, 이는 교법이 널리 세간에 전하는 것이 북소리가 널리 퍼지는 것과 같기 때문임. 근래 우리나라에서는 아침저녁 예불 때와 법식을 거행할 때에 침. 북을 치는 공덕으로 축생들이 고통을 덜고 낙을 받게 됨.

⊙ 무설전 내부

45개의 주초 위에 엔타시스(Entasis)를 이룬 붉은 기둥이 장엄하게 늘어선 내부의 모습. 뒤편 한가운데 보이는 연단은 고승 대덕들이 설법을 하는 법상임. 바닥에 마루를 놓지 않고 전석을 깐 것은 신라의 옛 모습을 재현한 것임.

1973년 7월 3일 준공 기념

종각 상량문

유서 깊은 대찰大刹이라면 법계法界를 울려 고뇌를 가시게 하는 대종
大鐘이 있다. 본 불국사에도 중창주 김대성金大城 공에 의해 수미범종
각須彌梵鐘閣(일명 우경루右經樓)이 일찍이 서라벌 하늘 아래 세워졌음을
『불국사고금창기佛國寺古今創記』를 통해 증명되고 있는 바이다. 종각은
종을 안치해 두는 곳이므로 옛날의 수미범종각에도 분명히 상원사의
아담한 종이 아니면, 봉덕사의 우람한 종과 같은 신라의 우수한 신종
이 있었을 것은 뻔한 일이다.

　그러나 임진왜란을 당하여 웅장화려하던 그 대가람이 일시에 잿더
미로 화할 때 종마저 녹았거나, 갖가지 보배와 귀중한 물건들이 왜인
들에 의해 약탈당할 무렵에 종도 함께 없어져 버렸는지 오늘날 확실히
알 수 없지만, 전해오는 말로는 "임란 시에 왜병이 갖고 갔다"고 한다.

그리하여 저간 수백 년간 종각도 대종도 없이 내려오다가, 1960년에 이르러 비로소 문경 대승사大乘寺의 대종을 구입하여 본 자리에 종각을 짓고 큰절의 위풍을 갖추게 되었다. 그러나 종각과 대종이 모두 작은데다가 대종은 그나마 파손되어 소리가 시원스럽지 못하였다. 더구나 1년 여의 실측과 3년 6개월이란 긴 공정을 거쳐 지난 7월 3일날 준공을 본 오늘의 대가람에 비기면 종전의 종각이나 대종은 너무나 초라하다. 이러한 여러 가지를 참작하여 복원 불사의 일환으로 종각과 대종을 새로 만들기로 하고 추진한 결과 오늘 드디어 종각 상량식을 갖게 되었다.

종각 건립은 사찰 자체 부담으로 하였으며, 종전의 종각보다 훨씬 크고 장엄스럽게 9칸(건평 10.45평)의 단층 한식으로 중건하였다. 지난 4월 30일날 주조鑄造되어 안치된 이 종은 한진상사韓進商事 조중훈趙重勳 사장의 시주로 범종사가 제작한 것이다. 원료는 말레이시아에서 수입한 주석 17%와 장항산獐項産 순동 83%를 합금한 쇠 5,625kg(1천5백관)을 녹여 종신 280cm, 아랫지름 150cm, 하부 두께 12cm의 크기로 만든 대종이다.

종신 전체 모양은 국보 제29호인 봉덕사종을 본떴으며, 종머리의 용두는 국보 제36호인 상원사종을 따왔다. 전면에 '남북평화통일기원'이란 낙자銘字는 오늘날 국민의 염원을 담고 있다. 봉덕사종의 4분의 3 크기에 해당하는 이 종은 오늘날 사찰이 보유하고 있는 종 중에서 가장 크며, 음향도 좋다. 종의 내력을 새긴 3백 자의 설명문이 주조

노을을 등지고 / 달을 벗 삼아

과정에서 약간 파열破裂된 것은 유감이나 그런대로 전통문화를 오늘에 계승했다는 점에서 높이 평가 되고 있다.

종각과 대종은 복원된 오늘의 불국사의 운치를 돋보이게 할 것은 물론 청아한 법음은 한없는 마음의 안식과 호국의 정신을 일깨워 줄 것이다.

1973년 7월 22일

조계후학曹溪後學 성타性陀 근지謹識

탄원서

문화공보부장관 김성진金聖鎭

문화재위원장 이선근李瑄根

문화재관리국장 김석룡金石龍 귀하

○ 시하時下 성하盛夏의 계절을 맞이하여 귀하의 무궁한 발전과 영광이 있기를 삼가 부처님께 기원드립니다.

○ 불교가 우리나라에 전래된 지 천육백 년이 지나면서 호국 신앙으로써 국가와 민족에게 공헌한 빛나는 업적을 남겼으며, 우리 민족의 찬란한 문화 창조에도 선도적인 역할을 하였음은 자타가 공인하는 바입니다.

노을을 등지고 / 달을 벗 삼아

○ 근간 경향각京鄕各 중요 일간지(1979년 2월 25일 자)에 경주 석굴암 본존불을 복장성공複裝成功하여 제이 석굴암 건립을 추진할 계기를 마련하였다는 기사를 보았습니다. 본인은 여기에 대하여 종단과 불교계의 집약된 여론과 견해를 다음과 같이 탄원하오니 조량照亮하여 주시기를 간곡히 바랍니다.

○ 국보 제24호 경주 석굴암의 본존불은 주지하시는 바와 같이 신라 문화 최고의 정화精華로서 민족 신앙과 호국불교의 상징으로 천이백여 년에 걸쳐 온 겨레의 가슴 속에 고이 간직하여 왔을 뿐만 아니라 현재까지도 온 인류에게 심묘深妙한 신비성과 드높은 존엄성을 자아내게 하는 불상입니다.

따라서 불교인은 물론 타종교인 및 각계각층의 국내외 인사들의 참배가 연중 때를 가리지 않고 계속하고 있는 실정이오며 국가의 지상 염원인 평화통일과 총력안보總力安保라는 소망을 기원하는 도량으로 천삼백만 불자의 가장 존경받는 신앙의 대상입니다.

현 석굴암을 영구히 보존하기 위하여 모조 석굴암을 건립해 일반에 공개 관람케 하는 것은 일고의 여지余地가 있다고 사료되오나 천이백여 년 전승해 내려온 도량을 두고 제이 석굴암을 건립하게 된다면 온 불자는 원 신앙처信仰處를 잃게 되는 비통한 결과가 될 것입니다.

따라서 신앙의 대상이었던 본존불을 현대과학에 의하여 완전하게 모방한다 하여도 신앙의 대상이 바뀔 때 그 누가 진심에서 우러나오는 기도를 올리며 소원성취를 빌겠습니까?

○ 이제 여기에 몇 가지 그 이의異義를 요약해 들겠습니다.

첫째, 우리 불자는 석굴암 부처님을 국보 문화재나 예술품으로 보기 이전에 성스러운 종교적 신앙의 대상입니다.

둘째, 원형을 복제하기 위하여 신성한 불상에 특수 수용성 수지로 코팅 내지는 실리콘 생고무 주입들을 가하므로 해서 인상의 존엄성과 종교의 신비성을 해치는 위험성이 다분히 있기 때문입니다.

셋째, 아무리 완벽한 현대의 과학기술이라 하더라도 사람이 하는 이상 만에 하나라도 실수가 전혀 없다고 보장할 수 없으므로 불상이 훼손될 가능성이 있습니다.

넷째, 본 석굴암은 신라인들의 총화總和된 뜻을 묶어 호국의 불상으로 국가관과 역사관에 입각하여 모신 영감靈感과 의지의 승화昇華입니다.

오늘날 제이 석굴암을 건립함은 총화의 정신을 어기고 국론을 달리하게 하여 국운國運을 분열시킬까 우려되며 동시에 역사적 지역적 특성을 저버리는 결과가 되기 때문입니다. 따라서 우리 불교인들은 위의 네 가지 중요한 이유로 해서 제이 석굴암 건립을 한사코 반대함과 동시 현 본존불의 보존 관리에 온 정성을 기울여 영원히 후손대대에 계승시킬 것입니다.

또한 우리 불자는 선조들이 이룩한 성업을 본받아 총화유신總和維

新이란 박 대통령 각하의 뜻을 받들어 남북통일을 완수함과 아울러 복지국가 건설에 다 같이 참여할 것을 굳게 다짐합니다. 끝으로 박 대통령 각하의 옥체 만수무강을 비옵고 아울러 귀하의 사대강건四大剛健 소원성취를 불전佛前에 기원하는 바입니다.

1979년 8월 2일

불국사 주지 최월산崔月山 외

불국사 식당
상량문

토함산 동쪽 기슭의 숲속, 하늘에서 꽃이 내린다(天花落地)는 툭 트인 대국에 자리 잡은 불국사는 유현한 경관과 정연한 경역에서 향기로운 아취와 청초미가 담뿍 어린 사적 및 명승 제1호로 지정된 천년고찰의 성지이다.

불국사는 신라인들의 생동하는 기상과 이상을 한데 모아 이룩해 낸 가장 장엄한 국찰로써 국가와 민족을 위한 호국불교의 본산이며, 성스러운 종교 신앙의 수도장이다. 신라통일의 요람한 단상이 무르익어갈 무렵인 법흥왕法興王 15년(528)에 창건된 불국사는 그 후 223년이 지난 경덕왕 10년(751)에 재상 김대성金大城 공에 의해 도량 일체를 개수 확장하는 중창 불사가 있었다.

그리하여 2천여 칸이나 되는 웅장 화려한 불국사의 보전이 신려新

노을을 등지고 / 달을 벗 삼아

麗 양대에 걸쳐 면면히 이어왔으나 임란의 병화로 민족의 불행과 더불어 일시에 한 줌의 재로 변한 비운을 당하였다. 이렇게 왜화의 상흔을 안은 채 60여 년이 경과한 후 대웅전大雄殿·극락전極樂殿·자하문紫霞門 등 극히 일부의 가람은 중건이 되었으나 찬란했던 옛 모습은 전혀 찾아 볼 길이 없었다.

삼국을 통일한 호국불교의 정신을 오늘에 되살려 군가君家의 안태를 빌고 중생제도의 종교 이념을 구현하기 위하여 불국사 복원 불사가 관계 당국의 협력하에 불교계의 뜻이 모아져서 초라한 초석 위에 새 가람이 들어섰다. 그러나 복원 완성은 1년 여의 실측과 3년 7개월이란 긴 공정 끝에 복원 회향을 보았다.

그런데 복원된 가람은 법당과 경루·회랑 등 주로 참배객을 위한 중요 건축물에 국한되었기 때문에 수도장의 시설은 갖추지 못하고 구여관의 객사를 사용해 오는 현실이었다.

다행히 복덕이 높으신 월산月山 대선사大禪師 님께서 이 산중의 주인으로 오셔서 5년 여간 주석駐錫하시는 동안에 미진했던 복원 불사를 순차적으로 계획을 세우고 추진해 왔다. 일차적으로 천왕문·일주문, 그리고 반야, 해탈 양교를 신조하였으며, 또한 경역도 확장해 정리하였다. 다음으로 숙원 불사인 선원과 강원을 신축해 개설하고 수도와 공부하는 대찰로 면모를 바꾸어 놓았다.

이제 그 복원 불사의 마지막 마무리로 금년 내에 나한전·남서의 두 요사, 그리고 식당 등을 신축할 계획인 바, 오늘 봉행하는 식당채

불국사 신도회 임원 취임 기념 촬영, 1977년

상량은 바로 금년 신축 건물 중에 제일 먼저 갖는 상량이다.

이 식당채가 완공되면 식생활에 따르는 대중들의 불편은 완전히 가실 것이다. 아무쪼록 오늘 식당채 상량을 계기로 해서 여타의 건축 불사도 계획대로 장애 없이 속히 성취될 것을 부처님께 기원한다. 끝으로 대중질大衆秩과 불사 관계자, 그리고 내역을 간단히 밝혀둔다.

1. 대중질

주지 월산성림   강주 운기성원

총무 나가성타   교무 서인

재무 종상   감찰부장 법달

외 대중 백삼십 명

2. 관계자

시공자 이대우   도편수 정영진

석공 남궁치련

3. 내역

건축비 : 금 43,938,099원   목재 : 21,657재

와 : 4,562매   면적 : 44평 6합 7작

목수 연인원 : 400명   자연석 : 700개 등

원이차공덕願以此功德 보급어일체普及於一切

아등여중생我等與衆生 개공성불도皆共成佛道

1979년 8월 10일(음력 윤閏 유월 십팔일)

사시 입주 상량

토함산인吐含山人 성타性陀 짓고

분황사芬皇寺 사문沙門 일법一法 쓰다

노을을 등지고 / 달을 벗 삼아

제5장

법어

한국불교의 전통성과
오늘의 과제

1. 한국불교사상의 사상적 조류들

① 교학敎學적 탐구의 조류

② 교선일치敎禪一致 또는 선교일치禪敎一致의 조류

③ 선종일변도禪宗一邊倒의 조류

④ 밀교密敎적 흐름(기복신앙祈福信仰)

 - 건전한 것

 - 미신적인 것

⑤ 정토淨土 서민불교庶民佛敎의 조류

⑥ 보살도菩薩道 실천實踐의 조류

○ 활기 넘치는 건강한 사회일수록 그 사회에서는 교학적 탐구열이 왕성하고 보살도의 실천이 크게 눈에 띄며, 교선일치教禪一致 또는 선교일치禪教一致를 지향하고 나아가 건전한 밀교密教적인 신앙 습속이나 기복祈福적인 성향까지도 포함하여 통불교적인 이해를 하려는 기운이 팽배해진다.

○ 반면에 사회가 혼탁하고 질서가 문란한 시대에는 타락한 밀교密教와 기복적인 미신이나, 잘못 이해된 선종禪宗에서 찾아볼 수 있는 바와 같은 현실도피적 기풍이 드러난다. 교학적 연구열도 현저하게 후퇴하고 불교정신에 토대를 둔 창조적 문화활동은 위축한다.

2. 한국불교의 근본 사상을 구체적으로 표현하면

1) 불교가 가장 빛나던 시대

○ 688년 신라가 삼국을 통일하던 전후 2백 년. 특히 그 전 150년을 우리 역사상 민족정신이 가장 맑고 밝고 굳세던 시기라고 본다.

○ 그래서 불교문화의 전통을 말함에 있어 6세기 전반에서 시작하여 8세기 전반에 이르는 근 2백 년 동안의 불교문화가 신라통일의 정신적 전통을 보여준다.

2) 대승보살大乘菩薩의 정신이 근간이 된 예

노을을 등지고/달을 벗 삼아

○ 화랑도花郎道의 정신

① 원광법사圓光法師의 세속오계世俗五戒

■ 세속오계世俗五戒는 사군이충事君以忠, 사친이효事親以孝, 교우이신交友以信, 임전무퇴臨戰無退, 살생유택殺生有擇.

■ 세속오계世俗五戒에 대해 비불교성을 주장하는 사람이 간혹 있으나 대승불교의 보살도菩薩道 정신에 대한 무지無知의 소치所致이다.

■ 보살에게는 충효의 정신이 그대로 권장된다.

■ 보살에게는 문文과 더불어 무武의 중요한 의의가 긍정되어지는 것이다.

② 미륵신앙彌勒信仰

■ 화랑花郎들은 미륵보살彌勒菩薩을 그들의 스승이자 수호신으로 삼았다.

■ 화랑은 자慈와 덕德의 권화權化인 미륵보살彌勒菩薩의 가호를 믿으며, 그의 모범을 따라 행동하려 했다.

■ 화랑은 죽음을 두려워하지 않았고, 죽으면 반드시 그의 곁에 태어났다가 미륵보살이 하생할 때 다시 이 땅에 내려와 그와 더불어 성불하고 이 땅을 불국토화 한다고 믿었다.

③ 불교적 문무관文武觀

■ 『승만경勝鬘經』의 문무관文武觀, 즉 섭수攝受로서 문文과 절복折伏으로서의 무武, 자자慈로서의 문文과 비비悲로서의 무武이다.

■ 『승만경勝鬘經』에서 무武의 의미가 정당하게 평가되고, 무武의 긍정적 의미가 천명되다.

○ 하나를 추구하는 정신

■ 원효元曉가 '귀일심원歸一心源'이라고 할 때 '일심一心'의 '하나'.

■ 의상義湘이 '일즉일체다즉일一卽一切多卽一, 일중일체다중일一中一切多中一'이라 할 때의 '일一'과 '다多'의 관계와 같은 것으로, 그것은 조화와 균제均齊, 질서와 통일의 상태를 말한다.

■ 『화엄경華嚴經』에 '회삼귀일會三歸一'의 '하나'.

■ 『화엄경』의 육상인 '총總=별別, 동同=이異, 성成=쇠衰'의 조화에서 오는 '하나'의 원리를 숭고하게 나타내고 있다.

○ 요익유정饒益有情의 윤리

■ 신라불교는 요익유정을 최고의 윤리적 덕목으로 내세웠다.

■ 원효대사 등이 『해심밀경解深密經』을 비롯한 대승경론大乘經論에서 특별히 주목하고 크게 현양함으로써 신라의 삼국통일 시기를 전후하는 2백 년간에 크게 유포되었던 윤리사상이다.

■ 중생衆生과 유정有情은 'sattva'의 역어로서 갖가지 '살아 있는 것들'을 뜻한다.

노을을 등지고 / 달을 벗 삼아

■ 요익유정은 인간에게 이익을 준다는 뜻으로도 이해되고, 더 넓게는 갖가지 살아 있는 것들에게 이익을 준다는 뜻으로 이해가 되어온 것이다.

■ 어떠한 방법으로든지 유정有情을 요익饒益하지 못하는 행위라면 그것은 바라밀다波羅蜜多가 되지 못하는 것이다.

■ 본래가 각覺이었다. 그것을 본각本覺이라고 했는데 그 본각의 자리로 되돌아 가도록 하는 것이 요익饒益하는 일이다.

3. 현대의 정신적 상황

1) 산업사회의 병폐

■ 인간의 획일적 즉물화
■ 개성의 억압 및 개성의 타락
■ 전통문화와의 단절
■ 역사적 특수성의 박탈
■ 구세계의 종교문화의 파괴

2) 징후

■ 철학의 빈곤
■ 참된 교육의 부재

■ 영도력의 결여 등

4. 한국불교의 새로운 과제

1) 인간 의식의 변화

2) 사회적 부조리 극복

○ 세속화 운동

■ 화랑도花郎道가 불교인의 지도 이념 아래 이루어졌으나 불교의 냄새가 별로 없이 민족운동을 일으킨 흔적이며,

■ 원효대사가 요석공주와 결혼해서 아이를 낳았으나 대사로서 구김없는 활동을 한 것이나

■ 부설거사浮雪居士가 금강산을 가지 않고 결혼하고도 두드러진 보현행普賢行을 한 것이나, 최근세의 경허鏡虛나 한용운韓龍雲은 대강 사며 대선사이면서도 절집 안에만 머무르지 않고 촌락이나 저잣거리에서 만화萬化를 불러 일으키며, 국민적 염원인 독립운동을 주도한 것 등은 모두 세속화 운동을 통한 보살도의 길이라 하겠다.

○ 탈속화 운동

■ 자장율사가 정계를 버리고 계율戒律을 수지受持한 것이나,

■ 법흥왕法興王·진흥왕眞興王이 말년에 왕권을 버리고 입산入山한

노을을 등지고/달을 벗 삼아

것은 신라 사회를 크게 경종을 주는 탈속화 운동이 아닐 수 없다.

 ■ 보조국사普照國師가 고려 시대 각종 법회의 문제점에 불만을 품고 3-4명의 도반과 함께 명찰을 버리고 산림에 은둔하는 결사운동을 일으킨 것은 탈속화의 보살도라 하겠다.

○ 불교는 본래 성속이 없는 행을 하는 것이나 능히 성속에 자유하는 것, 즉 세속화와 탈속화 운동을 통해 인류 사회에 공헌하는 것이 불교의 보살도이다.

차별심을 버리고
자유와 평등을

오늘은 사월 초파일 부처님께서 이 세상에 오신 날입니다. 국경일로 제정된 후 네 번째 맞이하는 부처님오신날입니다. 부처님께서는 인도 가비라국迦毗羅國 정반왕淨飯王의 태자로 태어나서 일체의 모든 부귀영화를 헌신짝처럼 버리고 출가 수행하시어 오욕락五欲樂에 젖은 암흑의 세계에 진리의 광명을 주셨습니다. 다시 말해, 고통에서 헤매는 중생들에게 한없는 자비를 내리신 분입니다.

세상은 차별심이 가득하여 서로가 서로를 믿지 못하는 불신의 쇠사슬에 뒤엉켜있고 권력 있는 사람은 약한 사람을 업신여기고, 부자는 가난한 사람을, 어른은 어린이를, 남자는 여자를, 배운 사람은 배우지 못한 사람을 헐뜯고 멸시하는 현장입니다. 이러한 것들은 자기라고 고집하는 아집我執으로부터 생겨난 것입니다.

노을을 등지고 / 달을 벗 삼아

부처님은 인간이 아집의 껍질을 벗어던지고 자기가 가진 무한한 자유를 이 사회와 온 누리에 심어 모든 인류가 자유와 평등 속에 생활해야 한다는 것을 가르친 인류 최초의 평화주의자이기도 합니다.

석가모니 부처님께서 이 세상에 사셨던 생애는 80년에 불과하지만 부처님 가르침은 세월이 지날수록 빛을 더하고 있습니다. 부처님오신날을 맞이하여 우리는 불신과 아집의 자리에 화해의 횃불을 밝히고 스스로 참회하여 온 인류가 한마음이 되어 영원한 부처님의 자비와 평화의 지상에 안주해야 합니다.

부처님은 불교라는 한 종교의 창시자이기에 앞서 우리 인간의 무한한 가능성을 몸소 체험하고 그 깨달음을 선언한 최초의 인간입니다. 또, 생명과 존재의 실상을 깨닫고 지혜와 자비의 길을 열어 보인 구도자입니다. 부처님은 신비의 장막에 가린 신이 아니고 인류의 역사에서 우리와 같은 인간으로 사셨다는 사실은 우리 모든 인간의 참된 보람이 아닐 수 없습니다.

부처님은 사람은 누구나 아집의 무명無明에서 해탈하면 부처를 이룰 수 있다 하셨건만 우리는 너와 나라는 차별심과 애욕의 수렁 속에서 빠져나오지 못하기 때문에 중생이라는 굴레를 벗어버리지 못하는 것입니다. 오늘 부처님오신날을 맞이하여 우리는 어두운 마음에 양심을 밝히고, 불교인은 책임 있는 신앙, 양식 있는 자각을 얻어 세계의 혼동 속에 부처님의 자비 광명을 심어주는 날이 되어야 하겠습니다. 우리가 자각의 눈으로써 이 세상을 관찰한다면 이 세상 모든 것은 참다운 실체

부처님오신날 봉축 법요식을 마치고 방송사와 인터뷰하는 모습, 1983년

가 없습니다. 그러기에 부처님께서는 이렇게 말씀하셨습니다.

　　내 아들이다 내 재산이다 하여
　　어리석은 사람은 괴로워 허덕인다
　　나의 참다운 나가 없거니
　　누구의 아들이며 누구의 재산인가

　　잠 못드는 사람에게 밤은 길고
　　피곤한 나그네에게 길이 멀 듯이
　　진리를 모르는 어리석은 사람에겐
　　생사의 밤길은 길고 멀어라

　　나보다 나을 것 없고
　　나에 알맞은 길동무 없거든
　　차라리 혼자서 갈지언정
　　어리석은 사람과 길동무 되지 말라

　　전쟁에서 수천의 적과
　　혼자 싸워 이기기보다
　　하나의 자기를 이기는 사람
　　그는 참으로 으뜸가는 용사다.

사랑하는 사람도 가지지 말라

미워하는 사람도 가지지 말라

사랑하는 사람은 못 만나 괴롭고

미워하는 사람은 만나서 괴롭다

사랑을 일부러 만들지 말라

사랑은 미움의 근본이 된다.

사랑도 미움도 없는 사람은

모든 구속과 걱정이 없다.

목숨이 다해 정신이 떠나면

가을철에 버려진 표주박처럼

살은 썩고 앙상한 백골만 뒹굴 것을

무엇을 사랑하고 즐길 것인가

이 뜻 깊은 부처님오신날을 맞이하여 모든 사람은 한마음 한뜻으로 부처님오신날을 축원하여 이 지상에 영원히 부처님의 자비 태양이 꺼지지 않도록 노력해야 하겠습니다.

불기 2522(1978)년 사월 초파일(5월 14일)

노을을 등지고 / 달을 벗 삼아

돌이켜 비춰봐야 할 마음—
회광반조廻光返照

1. 부처님의 가르침은 세상의 진리

■ 『장아함長阿含 중집경衆集經』 – 사리불舍利弗의 설교

법이 올바르지 못하면 해탈의 길로 나아 갈 수 없습니다. 이를테면 허물어진 탑에는 다시 흙을 바를 수 없는 것과 같습니다.

그러나 여래의 법은 올바르고 참되어 해탈의 길이 될 수 있습니다. 새로운 탑은 장엄하게 꾸미기가 쉬운 것과 같습니다.

■ 남전南傳 장부長部 『사문과경沙門果經』

마가다국의 아자타삿투왕(일명 아사세왕阿闍世王)은 감격한 끝에 이렇게 여쭈었다.

"거룩하십니다. [아들 잃은 노파 예] 마치 넘어진 사람을 일으켜 주고, [옷깃에 묻어둔 보물] 파묻혀 있던 것을 드러내 놓으며, [무희를 찾아 헤맴] 길 잃은 사람에게 길을 보여 주고, [대각大覺의 밝음] 어둔 밤에 불을 밝혀 주는 것과 같습니다."

2. 인간의 최고 가치

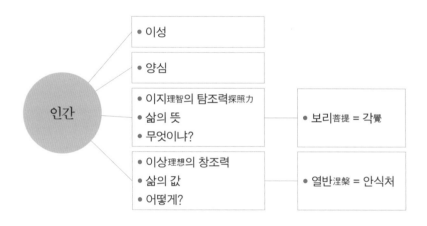

■ 『장아함長阿含 반열반경般涅槃經』

아난다는 부처님의 얼굴빛이 오늘처럼 빛나고 화평스러운 것을 일찍이 보지 못했다. 금빛처럼 빛나는 얼굴을 보고 여쭈었다.

"제가 여래를 모신 지 이십여 년이 되었지만 오늘처럼 얼굴빛이 빛나고 화평하신 것을 일찍이 보지 못했습니다. 그 뜻을 알고 싶습니다."

노을을 등지고 / 달을 벗 삼아

부처님은 대답하셨다.

"아난다여, 그것은 두 가지 인연으로 그러하다. 두 가지 인연이란 내가 바른 깨달음을 얻었을 때와 열반에 들 때이다. 내가 오늘 밤중에 열반에 들려고 해서 안색이 빛을 발한 것이다."

3. 모든 것은 마음의 현상

■ 『장아함長阿含 반열반경般涅槃經』

"마음이 하늘도 만들고 사람도 만들며, 귀신이나 축생 혹은 지옥도 만들므로 모든 것은 다 마음에 매인 것이다. 그러므로 마음을 따라 온갖 법이 일어난다.

마음이 바탕이 되어 마음의 뜻하는 것이 행行이 되고 행行의 하는 일이 명命(법과 질서)이 되니, 어질고 어리석음이 행行에 있고 오래 살고 일찍 죽음이 명命에 달린 것이다. 대개 의지意志와 행行과 명命, 이 세 가지가 서로 관계되어 좋고 나쁜 짓을 하므로 스스로 그 과보를 받는다. 아비가 착하지 못한 짓을 했더라도 자식이 대신 받지 못하고, 또 자식이 옳지 못한 일을 했을지라도 아비가 대신 받지 못한다.

착한 일은 스스로 복을 받고 나쁜 짓은 스스로 재앙을 불러들이는 것이다. 여래如來가 천상천하에 높이 공경 받는 것도 그 뜻의 숭고함에서이다. 그러므로 바른 마음으로 진리를 행동으로 옮겨 진리를 실행하는 사람은 반드시 현세에서 휴식과 안락을 얻을 것이니, 잘 받아 가지고 읽고 외우며 조용히 생각하여라. 그러면 곧 나의 깨끗한 법이 오래 머무를 것이며, 세상의 온갖 괴로움에서 벗어나고 모든 중생을 제도하여 편안케 하리라."

■ 『관심론觀心論』

"마음은 만법의 근본이라 일체 모든 법이 오직 마음으로 일어난 것이니 만일 능히 마음을 깨달으면 만 가지 행이 구비되느니라. … 일체 선악이 다 마음으로 말미암으니 마음 밖에 따로 구하면 다 헛된 짓이니라."

■ 『문수반야경文殊般若經』

황금으로 탑을 만들어 끝없이 도량을 장엄하는 것보다도
한 마음이 깨끗한 곳이 훨씬 나은 도량이리.

一念淨心是道場 勝造恒沙眞金塔

4. 인간의 본체는 마음

■ 『장아함경長阿含經』

"생각과 마음이 청정한 사람은 도를 스스로 얻을 것이다. 여래는 청정함을 가장 즐거워한다. 불성佛性·법성法性·진여眞如·여래장如來藏은 나의 주체이며, 만법의 근본 바탕으로서 진여가 무명의 인연에 의하여 생멸의 파동을 일으킨다."

※ 무명無明은 무지無智의 뜻이며, 맹목적의 뜻이다. 곧 맹목적 생존욕과 같은 본능적 생명력을 무명이라고 한 것이다. 독일의 종교 철학자 쇼펜하우어(Arthur Schopenhauer, 1788-1860)는 '무명설'에 대하여 그것이 곧 '생활의지生活意志'라고 보았다.

■ 『열반경涅槃經』

"모든 중생은 다 불성佛性이 있으니 이 불성佛性을 지닌 생명은 마침내 성불成佛하리라" 하였다.

■ 『승만경勝鬘經』

여래장에 불성이 감추어져 있으니 그 여래장을 개발하여 부처가 되는 진리를 설파하고 있다.

■ 『장아함경長阿含經』

"길은 마음으로부터 생기는 것이니 마음이 깨끗해야 길을 얻을 수 있다. 괴로움과 집착을 모두 없애고 그 길을 따라 진리를 행하여 눈을 얻으면 이 생을 마친 뒤에는 다시 태어나지 않는다. 이미 진리를 보아도의 눈을 얻은 이에게는 다시 나고 죽음이 없다."

5. 불성은 영원한 존재

■ 『보협경寶篋經』

"예컨대 오랜 세월에 큰불이 치열하게 타더라도 허공을 불사를 수 없듯이 중생이 항하의 모래수 같은 겁을 두고 불선한 죄악을 짓더라도 그 본디 청정한 심성은 더럽히지 못하느니라" 하였다.

■ 『대집경大集經』

"모든 중생의 심성은 본디 청정하여 번뇌의 모든 부정이 능히 오염되지 못함이 마치 허공을 능히 더럽히지 못함과 같으니라."

6. 신행의 길

■ 신행의 오방편五方便

① 예경禮敬 ② 공양供養 ③ 염송念誦 ④ 참회懺悔 ⑤ 발원發願

■ 예배제불禮拜諸佛

① 참회懺悔 ② 권청勸請 ③ 수희隨喜 ④ 회향廻向

■ 관음영험구觀音靈驗句

① 중생피곤액衆生被困厄 무량고핍신無量苦逼身

　관음묘지력觀音妙智力 능구세간고能救世間苦

② 염피관음력念彼觀音力 파랑불능몰波浪不能沒

7. 인과는 역연한 사실

■ 요얼견복妖孽見福 기악미숙其惡未熟

　지기악숙至其惡熟 자수죄학自受罪虐

■ 정상견화禎祥見禍 기선미숙其善未熟

　지기선숙至其善熟 필수기복必受其福

■ 막경소악莫輕小惡 이위무앙以爲無殃

　수적수미水滴雖微 점영대기漸盈大器

　범죄충만凡罪充滿 종소적성從小積成

■ 막경소선莫輕小善 이위무복以爲無福

　수적수미水滴雖微 점영대기漸盈大器

　범복충만凡福充滿 종섬섬적從纖纖積

1980년 10월 18일

경주 불국사 성타

노을을 등지고 / 달을 벗 삼아

몸의 의식주와
마음의 의식주

각종 직업을 해부해 보면, 의식주衣食住 생활을 하자는 것이다. 특히 근대 이전으로 소급하면 의식주 생활에만 급급했다. 가령 우리 어렸을 때만 해도 옷이 없어서 찢어진 옷을 기워 입고 살았던 기억이 나며, 신발이 없어서 짚신을 신고 지내던 것이 엊그제였다. 그 뿐만 아니라, 쌀밥이 없어서 시래기죽으로 연명했다. 오늘날에는 아무리 가난해도 다소의 차이는 있을지언정 의식衣食을 걱정하지는 않는다. 이것은 분명히 물질문명의 혜택이라고 해야 할 것이다.

그러나 오늘날 사람들은 더욱 더 돈을 필요로 하고 있다. 전에는 텔레비전과 냉장고가 사치품이었으나 이제는 생활필수품으로 바뀌고, 오막살이 전셋집에도 텔레비전이 없지 않은 시대가 되었다. 작년에 지은 양옥洋屋이 금년 주택 개량 사업으로 세운 양옥에 비하면 훨씬 못하며, 3년 전에 지은 이층집이 금년에는 영 촌스럽다고 주부들이 싫어하는 형편이다. 다시 말해, 원시시대는 의식주의 절대빈곤絶對貧困 시대라 한다면, 오늘날은 의식주의 상대빈곤相對貧困 시대이다. 이제 우리는 물질의 빈곤은 다소 극복된 듯하다. 물론 요즘은 유류파동油類波動이 심각해진 후 국내경제가 어느 때보다 어려워진 것이 사실이지만, 그래도 과거의 생활에 비하면 생활수준은 높아진 것이 사실이다.

그러나 어딘지 못사는 것만 같은 심리 현상이 일어나는 것이 사실이다. 이것은 우리가 잘산다고 하는 미국 사람들도 그런 생각을 가지고 있다. 이것은 정신적인 가난이 들어서 그렇다고 나는 생각한다. 정신적인 가난을 극복해야만 진정한 여유 있는 생활을 할 수 있다. 그러므로 몸의 의식주 생활과 똑같이 마음의 의식주 생활을 해야 한다. 몸의 의식주 생활은 다소 해결되었다고 생각하지만 마음의 의식주 생활은 무엇인 줄도 모르고 살고 있다.

마음의 의식주란 무엇일까? 보통 옷은 밖에 나가 활동을 할 때 필요하고, 예의를 지키는 것이라고 한다면, 마음의 옷은 부처님께서 내린 계행戒行을 철저히 지켜서 생활을 법도 있게 하는 것이다.

계를 지키고 하루를 살지언정
계를 깨뜨리고 백 년을 살기를 원하지 않는다
吾寧一日持戒死 不願百年破戒而生

노을을 등지고/달을 벗 삼아

자장율사慈藏律師(590-658)의 말씀이다. 이 마음의 옷이 잘 지켜진 사람은 항상 더러운 옷을 입어도 청정하게 보일 것이며, 스님들 가운데서도 천 갈래 만 갈래 찢어진 옷을 입고서도 계행을 지키고 청정하게 지내면 항상 단정하고 품위 있는 풍채가 느껴지는 것이다. 세상에서 아무리 화려한 옷을 입어도 기생이 입은 옷보다 못하며, 화려하기보다는 오히려 요염하고 더러운 것이 눈에 비친다.

그러므로 계행을 철저히 지킨 사람에게는 무표색無表色이라는 보이지 않는 힘이 있어서 주변을 청정하게 하고 단정하게 하는 마음의 옷을 입게 되는 것이다.

다음 마음의 밥을 먹어야 한다. 흔히 우리는 밥을 먹는 것을 건강을 위해서 영양가 있는 음식을 많이 먹어야 한다고 한다. 그러나 오늘날에는 너무 많은 영양을 섭취하여 생기는 병이 더 많다. 당뇨병이니, 고혈압이니, 심장병 등 대부분은 영양가 있는 음식을 너무 많이 먹는 데서 생기는 병이라고 한다. 많이 먹어도 병에 걸리고 적게 먹어도 영양실조에 걸린다면 도대체 우리 생리를 어떻게 극복해 가야 할 것인가? 그래서 마음의 밥을 찾아 먹어야 한다.

일찍이 부처님께서는 설산에서 육년 간 수도할 때 금식 금욕으로 살았기 때문에 뼈만 남은 상태였다. 그렇게 마음의 밥을 구하느라고 노력하다가 니련선하에서 쓰러졌을 때, 수자타의 우유죽 공양을 받고 기력을 회복했다. 이 우유죽과 마음의 밥인 선정을 계속 닦았기 때문에 부처님 몸인 삼십이상三十二相과 팔십종호八十種好의 구족具足한 신체를 만드셨다. 우리가 밥을 먹으려면 반찬을 먹어야 하듯이, 몸의 밥과 더불어 마음의 밥을 함께 먹을 때 덕윤신德潤身의 거룩한 몸이 될 것이며, 구족한 몸이 되는 것이다. 따라서 일생의 생명 줄은 저 밥에 있지만 영생의 생명 줄은 마음의 밥을 먹어야 하는 것이다. 마음의 밥은 참선과 기도이다. 일념정진一念精進하고 사심私心이 돈공頓空한 때 묻지 않은 마음을 함양해서 활연豁然한 기운을 마실 때 이것이 바로 선禪이요 기도요 염불의 공덕이라 할 수 있다.

끝으로 집이 있어야 한다. 집이란 추울 때나 더울 때나 어려운 고비를 막아주는 역할을 한다. 그러므로 좋은 집에 가면 춘하추동이 없이 항상 훈훈하고 포근하다. 동시에 집을 보고서 그 사람의 가정 형편을 알고, 집을 보고서 저 집은 절집이냐, 성당이냐, 관공서냐, 집회소냐를 쉽게 구별할 수 있다. 그러므로 그 집이 인간의 신분을 설명해 주기도 한다. 따라서 그것을 직업으로 하는 사람이나 전문적으로 하는 사람에게 '집 가家' 자를 붙여준다. 종교가니, 철학가니, 예술가니, 도덕가니 하며 '집 가家' 자를 붙여주는 것이다.

이렇게 몸이 안주하는 집이 필요하듯 마음을 안주하는 집이 있어야 한다. 이것은 지혜의 힘으로 이루어지는 것이다. 지혜는 이 언덕에서 저 언덕으로 건너가는 힘을 가졌기 때문에 옛날부터 반야바라밀般若波羅蜜이라 했다. 저 언덕으로 건너가게 할 수 있는 가장 안정된 것은 오직 지혜의 힘밖에 없다.

그러므로 부처님께서는 중생계를 벗어나 보살도에 이르게 하는 첫

노을을 등지고 / 달을 벗 삼아

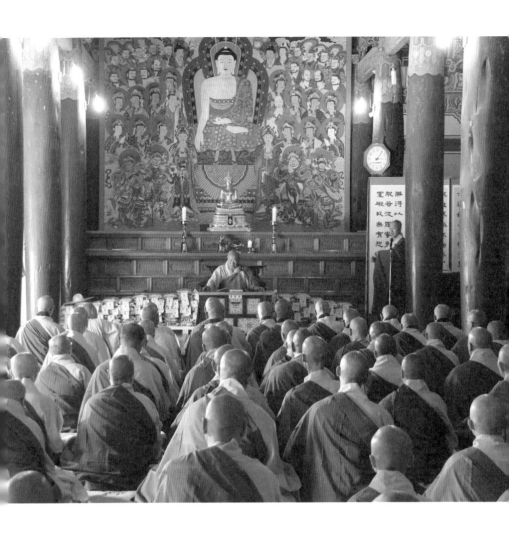

불국사 포살법회에서 법문 중인 모습

길은 깨달음에 있다 하셨고, 조사께서는 견성 이후에 성불成佛이 이루어진다고 하였다. 도인의 집은 영생을 통해서 빛나는 지혜광명밖에 없다. 지혜광명의 표준은 나를 알고 남을 알며, 세계를 알고 현실을 아는 길밖에 없다. 나를 아는 데서 비롯하여 지금 여기에 내가 있는 현실이 달관될 때 이 세상은 부처님의 도량이 될 것이고 우주를 한 집안으로 삼을 수 있는 도가의 집이 된다.

이렇게 볼 때 몸의 의식주에만 급급하지 말고 마음의 의식주를 찾아나간다면, 이 세상의 모든 어려운 문제는 바로 해결되고 현실 속에 우리가 바라는 극락세계를 이룰 것이다.

불법은
지금 여기에 있다

부처님은 6년이란 긴 세월을 통해 고행 끝에 대각大覺을 얻었다. 그러나 그는 6년만이 아니라 대각 이전 전 생애가 중도中道를 깨치기 위한 노력으로써 고행苦行과 낙행樂行을 즐겨왔다. 나이 30세가 되던 납월臘月(음력 섣달) 팔일八日에 밝은 별을 바라보며 오도悟道를 했으니 그 오도의 소식은 무엇일까?

시방의 불자들은 먼저 이 뜻을 밝혀내야 할 것이다. 물론 사바에 교주가 된 불타佛陀의 심경을 납승衲僧의 작은 안목으로써 뭐라고 헛되이 망상을 말할까마는, 그런대로 살펴야 할 책임이 있다.

부처님이 설산에서 피골이 상접하도록 고행하던 그 어느 날 멀리서 농부들이 일터로 나가며 노래를 부르는 소리가 들려왔다.

"거문고 줄을 당기면 끊어지고 놓으면 소리가 안 나나니, 알맞게 당겨 소리를 내어 춤을 추며 노래하세."

　이러한 인도의 민요 소리가 들리지 않는가. 부처님은 새삼스럽게 당신이 여태까지 쌓아왔던 고행이 헛된 것이라고 본 것이다. 그리하여 부처님은 마침내 설산을 떠나 니련선하尼連禪河로 옮겼다. 그곳은 겨울과 여름이 적고 봄과 가을이 많은 따뜻한 고장이었다. 부처님은 그곳에서 다시 큰 서원을 세운다. 고행으로도 성불할 수 없고 낙행으로도 성불할 수 없는 중도의 원리 속에서 대도大道가 밝아질 것을 크게 확신하고 일념 정진했다.

　그러나 그 속에는 어느 때보다도 마魔가 들끓었다. 그 마를 헤쳐 항복 받는 것이 일대과제였다. 불타는 대신념과 대서원으로 천만 마장을 물리치고 초연히 앉을 수 있는 힘이 생겼다. 이것이 바로 성불하기 전날까지의 부처님의 마음이었다.

　따라서 부처님은 일생 동안 중도의 원리를 설파하였다. 부처님의 최초 설법이라고 보여지는 팔정도八正道가 중도의 실천 사상이요, 생사 인연의 수레바퀴를 설한 십이연기十二緣起가 중도의 이론이며, 고집멸도苦集滅道 사성제四聖諦의 법문이 중도의 이론과 실천을 조직적으로 설한 기본 원리였다. 부처님의 무상대도無上大道는 순리자연順理自然한 법에 의해서 해결을 본 것이다. 중도 사상은 현실의 문제와 이상의 세계를 함께 아울러 해결해 주는 열쇠요 길이었다. 구원의 세계에 눈을 뜬 종교인은 이 중도의 이치를 찾아내지 않는 한 헛될 것이다.

　　　　　노을을 등지고／달을 벗 삼아

일상생활에서 가르침을 준
부처님의 설법

1. 일상생활에서 깨달음을 준 부처님의 가르침

■ 갠지스강의 기슭에 서서 소 떼를 이끌고 물을 건너가는 목동을 가리키면서 차안此岸·피안彼岸의 이상계理想界를 말하였다.

■ 물건을 훔쳐 도망친 여자를 찾고 있는 청년 야사를 만나, "도망친 여인을 찾는 것과 잃어버린 자기를 찾는 일 가운데 어느 쪽이 소중하냐?"고 하여 야사를 제도하였다.

■ 상두산象頭山에 올라 일망무제한 세상의 풍경을 가리키면서 "보라, 모든 것은 타고 있다"라고 하여 사화외도事火外道를 제도하였다.

■ 브라흐만 한 명이 나타나 부처님께 갖은 욕설을 퍼부으니 이렇게 말했다. "브라흐만이여, 그대가 제공하는 음식을 손님이 안 먹는다

면, 그 음식은 누구의 것이 되겠는가?" 브라흐만은 스스로 고개를 숙이게 되었다.

2. 분명한 부처님의 가르침

■ 넘어진 것을 일으키는 것과 같이

예 : 사전도四顚倒, 상常·락樂·아我·정淨

■ 덮인 것을 드러내는 것과 같이

예 : 마음, 탐욕, 노여움 등으로 뒤덮여 있을 경우 여실히 대상을 지견知見할 수 없다.

■ 헤매는 자에게 길을 가르쳐 주는 것과 같이

예 : 극단의 배제, 즉 쾌락과 고행을 떠난 중도中道를 제시함.

3. 부처님의 탄생

■ 마야부인摩耶夫人은 콜리족으로, 친정인 천비성天臂城으로 가는 도중 룸비니원에서 싯타르타를 출산.

■ 부처님 탄생한 날을 맞이하여 '탄생'만 기릴 것이 아니라 각자의 '마음 부처'를 탄생시키자.

노을을 등지고/달을 벗 삼아

■ '천상천하 유아독존' – '천상'은 서원誓願의 싹이 솟고, '천하'는 신
앙信仰의 뿌리를 내리는 것을 의미함.

■ 서원과 신앙이 투철해야 '마음 부처'가 나온다. 서원이란 큰 뜻
을 말한다. 큰 서원이 없는 한 살아있는 힘이 나오지 않는다. 신앙이란
부처님의 진리와 법과 회상과 스승에 대해 나와 둘이 아니게 생각하
는 것으로 본연과 합일하는 마음을 말한다.

■ 결론적으로 아래로 뻗는 신심과 위로 솟는 서원이 함께 일어나
야 살아난다.

4. 일관된 점이 있는 부처님의 삶

■ 싯타르타 태자의 모습 찬탄한 시사교담미翅舍憍曇彌 처녀
"행복하시도다 저이의 아버님이시여
행복하시도다 저이의 어머님이시여
행복하시도다 저이의 부인이시여
이와 같이 훌륭한 낭군이 있으니."

■ 무희들의 노는 모습을 보고 "세상은 이것으로써 걱정을 잊으려
고 하는가, 그러다가 파멸할 것을 모르는가. 어리석은 인생이로다."

■ 하차下車 지명地名: 마부 차익車匿(찬다카chandaka)와 이별한 땅은
'아노마강'이다. '숭고한 강'이라는 뜻이다.

■ 마갈타국摩竭陀國에서 수행하실 때 마갈타국의 도성 왕사성王舍城에서 걸식乞食하고 있었다. 이를 본 빔비시라왕이 싯타르타에게 말했다. "출가를 그만두면 국토의 반을 주고 통치권을 맡기겠소."

■ 스승을 찾아서 ① - 발가파跋伽婆선인을 만나 고행하였으나 모든 번뇌들은 제거하지 못하였다.

■ 스승을 찾아서 ② - 아라라가란阿羅邏迦蘭과 울타가라마자鬱陀迦羅摩子를 만나 수행, '비상비비상처非想非非想處'의 선정을 닦았음에도 생사를 벗어날 도리가 아님을 깨닫고 그 스승을 떠난다.

■ 성도지成道地

① 우루빈라림優樓頻螺林에서 용맹정진勇猛精進.

② 선생녀善生女의 우유죽을 드시고 원기 회복.

③ 니련선하尼連禪河에서 목욕. 정각산正覺山 앞의 보리수 아래에서 가부좌를 하여 49일 만에 성도成道를 했음.

■ 성도成道의 서원誓願

허공에서 칼과 몽둥이가 떨어져

내 몸을 갈갈이 찢는다 해도

내가 만약 생사의 고해를 벗어나지 못한다면

끝내 이 보리좌를 떠나지 않으리.

虛空刀杖雨我身 寸寸節節割我體

我若不渡生死海 終不離此菩提坐

■ 최초의 신자

부처님이 성도 후 7.7일이 되던 날 라쟈타나 나무 밑에 머물고 있을 때 멀리 우카라지방으로부터 온 두 상인 따뿟싸와 발리카가 죽과 꿀을 공양올리고 부처님과 법에 귀의한 것이 최초의 신자.

5. 부처님 최후의 말씀

■ 자등명自燈明 법등명法燈明

■ '너희들은 저마다 자기 자신을 등불로 삼고 자기를 의지하라. 또한 진리를 등불로 삼고 진리를 의지하라. 이밖에 다른 것에 의지해서는 안 된다.'

■ 각자 마음의 등불을 꺼지지 않도록 하자.

가려 뽑은
부처님 말씀

■ 불교의 종교적 성격

스스로를 등불로 삼고 스스로를 의지처로 삼을 것이며, 법을 등불로 삼고 법을 의지할 곳으로 사는 삶을 지니라. 남을 등불로 삼거나 남을 의지할 것으로 삼아서는 안 된다.『장아함경』

■ 설법에 임하는 태도와 자세

설법한 보수를 나는 받을 수는 없다. 깊은 도리를 본 사람은 그럴 수 없다. 설법한 보수를 받는 것을 여래는 배척한다. 바라문이여, 법이 존속하는 한 이것은 법칙이다.『경집經集』

■ 보살의 보시하는 마음과 보살의 자비행

보살이 청하는 자를 보고 베푸는 것은 보시다. 그러나 최상의 보시는 아니다. 청하는 자가 없어도 마음을 열어서 스스로 베푼다면 이것은 최상의 보시라 할 것이니라.『대반열반경』

■ 불교의 평등관, 무차별관

가문과 출신을 묻지 말고 그의 행상을 물어라. 마른 풀무더기에서 불(火)이 나는 것과 같이 낮은 가문에서도 성인이 나고 뜻이 굳고 존귀하며 부끄러움을 알아 행을 삼가고 진실을 가져 자기를 억제하여 최고의 진리에 도달하여 순결한 수행을 완성한다.『경집』

■ 마음가짐에 대한 주의

제자들이여, 첨곡諂曲하는 마음은 도를 어긴다. 너희들은 마땅히 그 마음을 곧게 하라. 첨곡은 이것이 속이는 것이니 도에 든 사람은 결코 조금이라도 있어서는 아니 된다.『불유교경』

■ 악인과 선인의 관계

악한 사람이 어진 사람을 해코지하는 것은 마치 하늘을 향하여 침을 뱉는 것과 같다. 침은 하늘을 더럽히지 못하고 도리어 제 몸에 떨어지느니라.『사십이장경』

■ 평범한 행복

자기에게 알맞은 곳에 살고 평소에 공덕을 쌓으며 스스로 바른 일을 실천할 것을 맹세하는 이것이 최상의 행복이다. 『축복경』

■ 구도자의 태도

언제 어떠한 때라도 도를 구하는 자 앞에는 반야바라밀이 있다. 이 반야바라밀이 있는 곳에는 눈앞에 부처님이 계시어 설법한다고 생각하라. 『대품반야경』

■ 참회

슬픔도 탄식도 집착도 근심도 멈추어라. 참으로 행복을 구하거든 자기에게 꽂힌 화살을 스스로 뽑도록 하라. 『경집』

■ 부와 명성을 얻는 법

행이 바르고 큰 부담을 견디며 힘써 서두르지 아니하면 부富를 얻으리라. 진실을 말하면 명성을 얻고, 베풀고 인색하지 않으면 벗이 떠나지 않으리라. 『잡아함경』

노을을 등지고 / 달을 벗 삼아

우리의 궁극 목표는
불국토의 실현

1. 귀일심원歸一心源 이익중생利益衆生

■ 상하上下·우열優劣·선후先後 없애고, 구체적으로 어떻게 실현할
것인가 하는 문제이다.

■ 상구보리上求菩提 하화중생下化衆生 : 이원적 견해로 보는 오류를
범하기 쉽다.

■ 예를 들어 승려는 견성성불見性成佛, 신도는 기복祈福 : 이렇게 어
느 한쪽으로만 국한하여 생각하고 그것에 집착하는 것은 사색적 탐구
의 결여와 사상 교육의 부재에 기인한다.

2. 화쟁사상和諍思想으로 무애자재無碍自在의 대아大我 실현

■ 욕심(괴로움·생존욕生存欲·증오憎惡·소유욕所有欲·향유욕享有欲) : 모든 욕심이 귀착하는 바는 투쟁이요, 갈등이요, 파멸이라는 것을 깨달으라는 것이었다.

■ 계정혜戒定慧 : 화합和合을 이룩하는 정도正道요, 그 결과로 얻어진 열반涅槃은 화합을 성취한 진실된 날의 모습임을 천명한 것이다.

■ 사섭四攝·사무량심四無量心 : 결국은 화합의 대도를 천명한 것.

■ 반야바라밀다般若波羅蜜多·공空·심무가애心無罣碍 : 화합의 원동력을 밝힌 것이다.

■ 생生·관觀을 목표로 하는 적정도 화합의 주관적 심心·성性이요, 객관적 양태이다.

■ 육바라밀六波羅蜜·육화경六和敬 : 화합, 이러한 바라밀다의 극치는 요익유정饒益有情 즉, 이익중생利益衆生 섭수중생攝受衆生

3. 삼취정계三聚淨戒· 섭률의계攝律儀戒· 섭선법계攝善法戒· 섭중생계攝衆生戒

■ 널리 중생의 섭수攝受, 중생의 정법화를 위해 헌신하는 것을 최종의 목표로 표방하였다.

- 무량한 공덕의 장·여래의 장-인인개개人人箇箇가 중생의 공동체
- 자각의 중생 즉 보살의 배출이 요청된다 - 전 중생의 보살화
  - 정법을 알게 하고
  - 생사에 들어가는 대원을 발하게 하고
  - 선정의 수련과 지혜의 연마에 정진하며
  - 법과 재와 무외의 보시에 능하고
  - 율의와 중선을 존중하고
  - 인욕의 덕을 닦아 어려움을 참을뿐더러
  - 기꺼이 남의 고통을 자기의 고통으로 삼고
  - 대락을 누리며 태연해지는 보살을 키우고
  - 그 활동을 돕는 일
  - 이것 밖에 오늘날 한국불교에 시급한 일은 따로 없지 않은가?
- 열반涅槃과 성불成佛의 의미를 현실 속에서 '불국토佛國土 실현'의 뜻으로 해석하는 것이 옳다.
- 대립과 각축의 마음을 풀어 일승의 마음으로 돌아가, 연기의 여여如如함을 드러내라는 뜻이다.
- 불국토는 자유의 나라, 복지의 나라, 정의와 진실이 통하는 나라, 지혜와 자비가 넘치는 나라.
- 주민들의 근본적 의식혁명을 통해 이 현실의 연기를 무애無碍의 연기로 바꾸는 것이다.

『불설사십이장경佛說四十二章經』
법문초法門抄

1. 욕심을 넘어선 불세계佛世界

■ 세존께서 깨달음을 얻고 나서 생각하셨다.

"욕망을 벗어나 절대의 고요한 상태가 가장 뛰어나구나."

世尊成道已 作是思惟 離欲寂靜 是爲最勝

■ 애욕愛欲을 끊은 사람은

마치 팔다리가 끊겨 그것을 다시는 사용하지 못함과 같다.

愛欲斷者 譬如四脂斷 不服用之

■ 가르침을 지도 받은 사람은

세속의 재물을 버리고 남에게 얻어먹는 것으로 만족해야 하며

하루 한 끼만 먹고 나무 아래에서 잠을 자되 두 번 묵지 말라.

사람의 마음을 어리석게 하는 것은

사랑하는 마음(愛情)과 갖고자 하는 생각(貪慾)이다.

受道法者 去世資財 乞求取足 日中一食 樹下一宿 慎勿再矣

使人愚蔽者 愛與欲也

2. 참회의 세계

부처님께서 말씀하셨다.

"사람이 허물이 있는데도 마음을 돌려 스스로 뉘우치지 않고 그대로 지나쳐 버리면 죄업이 자기에게 돌아오는 것이 마치 강물이 흘러가면서 점점 넓고 깊어져 바다가 되는 것과도 같다.

그러나 사람이 허물을 저질렀어도 스스로 깨닫고 잘못을 고치고 바른 행을 한다면 그 죄는 저절로 소멸되나니 그것은 마치 환자가 땀을 흘린 후에 점차 병이 회복됨과 같다."

佛言 人有衆過 而不自悔 頓息其心 罪來赴身 如水歸海 漸成深廣

若人有過 自悔知非 改惡行善 罪自消滅 如病得汗 漸有痊損耳

3. 악인을 대하는 너그러운 자세

부처님께서 말씀하셨다.

"악한 사람이 착한 사람이 있다는 말을 듣고 일부러 찾아와 방해하더라도 너희들은 참고 견디며 그들에게 성내고 꾸짖지 말라. 나쁜 짓을 하는 그 사람은 스스로 나쁜 줄 안다."

佛言 惡人 聞善 故來撓亂者 汝自禁息 當無嗔責 彼來惡者 而自惡之

4. 인고의 덕

부처님이 말씀하셨다.

"어떤 사람이 내가 '깨달음을 얻어 따뜻한 사랑을 베푼다'는 말을 듣고 찾아와 나에게 욕을 하였으나 내가 대답하지 않았더니 욕을 하다가 그쳐서 내가 물었다. '그대가 어떤 사람에게 선물을 주어도 그가 받지 않는다면 그 선물은 그대가 다시 가져가야 하지 않겠는가?' 하니 그가 대답하기를 '그렇습니다' 하였다."

부처님께서 말씀하셨다.

"지금 그대가 나에게 욕해도 내가 그것을 받아들이지 않았으니 이제 그 욕은 당연히 그대에게 돌아갔으니 그것은 마치 메아리는 소리를 따라 일어나고 그림자는 형체를 따르는 것과 같아서 끝내 그 죄를

노을을 등지고 / 달을 벗 삼아

면키 어려우니 악한 일은 하여서는 안 된다.”

佛言 有人 聞吾守道 行大仁慈 故致罵佛 佛黙不對 罵止 問曰 子以禮從人 其人 不納 禮歸子乎 對曰 歸矣 佛言 今子罵我 我今不納 子自持禍 歸子身矣 猶響應聲 影 之隨形 終無免離 愼勿爲惡

5. 선인은 해칠 수 없다

부처님께서 말씀하셨다.

“악한 사람이 어진 이를 해치는 것은 하늘을 향해 침을 뱉으면 침 이 하늘에 닿지 않고 도리어 자기에게 떨어짐과 같고, 바람을 거슬러 먼지를 털면 그 먼지가 상대에게 가지 않고 도리어 자기에게 돌아옴 과 같은 것처럼 어진 이를 해칠 수 없으니 그 재앙은 반드시 자기를 파멸시킨다.”

佛言 惡人 害賢者 猶仰天而唾 唾不至天 還從己墮 逆風颺塵 塵不至彼 還坌己身 賢不可毁 禍必滅己

6. 전도에 최선을 다하라

세존께서 모든 비구들에게 말씀하셨다.

"나는 이미 인간과 천상의 속박에서 벗어났다. 너희들도 인간과 천상의 속박을 벗어났으니, 너희들은 인간 세상에 나가 많은 사람을 제도하고 많은 이익을 주어 인간과 하늘을 안락하게 하되, 짝지어 다니지 말고 한 사람 한 사람씩 따로 다니도록 하라. 나도 지금 울비라 마을로 가서 거기에 머물러 있으면서 인간 세간을 유행하리라."

世尊告諸比丘 我已解脫人天繩索 汝等亦復解脫人天繩索 汝等當行人間 多所過度 多所饒益 安樂人天 不須伴行 一一而去 我今亦往鬱鞞羅住處人間遊行 (『잡아함경』 39권 중에서)

노을을 등지고/달을 벗 삼아

불교 명상에 대한
글을 옮겨 쓰다

■ 호흡 현상을 의식적으로 제어하는 것은 불교 수행자가 제일 먼저 노력해야 할 일이다. 그리고 호흡의 완전한 정지 내지 억제도 불교의 교리에 의하면 제사의 명상 단계(靜慮)에 도달할 때 저절로 실현되는 것이다.

■ 불타佛陀는 감관感官의 문을 막아버리는 기능에 숙달되어 있었다. 어느 날 요란한 우레 소리가 울리고 불타의 바로 옆에 벼락이 떨어져 두 명의 농부와 네 마리의 소가 죽었으나 불타는 명상하고 있었기 때문에 아무것도 듣지도 보지도 못했다고 한다.

■ 수행자는 명상에 들어가기 전에 방해가 되는 격정 등의 다섯 가

지 속박으로부터 완전히 이탈하지 않으면 안 된다. 이 다섯 가지 속박이란, (그 사람의 내면에 아직도 숨어 있는) 모든 세속적인 욕망이나 그 밖의 다른 사람들을 해치고 싶어 하는 온갖 욕망, 온갖 증오와 나태와 수면, 허영과 경멸('겁과 불안'이라고 해석할 수 있다), 바른 도에 대한 온갖 의심 등이다. 불타 전설에 의하면 보살이 보리수나무 밑에서 정려의 제일 단계에 오르기에 앞서 앞에서 말한 다섯 가지의 적이 마라(魔)의 군세로서 나타나지만 보살은 이를 격퇴해 버린다. 수행자는 '광명을 자각하고' 저녁정지하고 마음을 가라앉히고 온갖 생물을 불쌍히 여기는 마음으로 자기의 혼을 청정한 것으로 만들어 자기 내면의 적을 격퇴하는 것이다. 이와 같은 이른바 준비로서의 고찰에 의해서 방해가 되는 감정의 모든 동요로부터 이탈하면, 무거운 짐을 내려놓은 듯한, 혹은 체력을 소모시키는 고통스러운 병이 나은듯한, 혹은 감옥이나 노예의 신분에서 해방된 듯한, 혹은 무시무시한 위험한 황야에서 벗어나 안전한 고향의 마을에 무사히 도착한 듯한 기분이 된다. 이와 같이 하여 앞에서 말한 방해거리들을 극복했다는 의식에 의거하여 제일 먼저 환열歡悅의 정이 생기고, 환열에서 환희가, 환희에서 육체의 평온이, 평온에서 안락이 점차로 생기고 정신은 이러한 지복으로 가득 차, 마침내 정신 통일에 도달하는 것이다. 그리고 또한, 이 정신 통일의 상태에서 정신은 관상 내지 명상(靜慮)의 제1 단계에서 제4 단계에로 향상한다.

노을을 등지고 / 달을 벗 삼아

■ 정신을 한 점에 기울일 것(정신 통일(凝念)), 응념의 상태에 머물러 있을 것(관상. 명상(靜慮)), 최고 단계에 가서 침사기념沈思祈念할 것(정관靜 觀. 三昧)이다. 정려는 불교에서는 명상의 네 가지 주요 단계 전부의 의 미로 쓰이나, '요가수트라'에서는 가장 좁은 뜻으로 쓰인다. 삼매三昧에 대해서도 마찬가지인데, '요가수트라'에서는 명상의 최고 단계 내지 본 래의 의미에서의 '침사沈思'에 대한 명칭이나 불교에서는 가장 넓은 뜻 으로서의 영적인 정신 통일 내지 명상의 영역 전체에 대한 일반적 명 칭이다. 그래서 불교에서는 삼매와 정려가 대체로 같은 의미로 쓰인다.

■ '유심有尋'과 '유사有伺'라는 말도 요가파의 것이기는 하지만, 불교 에서는 이 두 가지 말을 제1의 명상 단계의 특징으로 쓰고 있다. 유심 이란 '감각적 대상에 대한 표상이 아직도 존재해 있다'는 의미이고, 유 사란 '초감각적이요 영기적인 대상에 대한 표상과 관련되어 있다'는 것 을 가리킨다. 명상은 영적인 정신 통일을 일정한 대상물에 기울이는 데서부터 출발하는 것인데, 불교에서나 요가파에서 말하는 요가에서 도 마찬가지이다.

■ 제1 단계에서는 감각적 및 초감각적인 대상물에 대한 표상과 역 시 관계를 맺고 있다(有尋有伺定). 제2 단계에서는 초감각적이요 영기적 인 대상물만이 아직도 남아있다(無尋有伺). 그리고 제3 단계에서는 모 든 대상을 저버린다(無尋無伺定). 따라서 이 최후의 단계들 앞에서 말

한 네 가지 관상(내지 네 가지의 명상(靜慮))에 적용하면, 그것이 제일 관상 이상에 속하는 모든 것을 포괄하게 될 것이다.

■ 어느 날 불타는 아나율阿那律과 그 밖의 수행자들이 있는 암자를 찾아가 수행의 성과에 대해서 물었다. 아나율은 불타에게 이렇게 호소했다.

"저희들은 상相을 확실하게 파악할 수가 없습니다. 문제가 되어 있는 현상에 대해서 부분적으로 파악하고 있습니다만, 확고하게 계속해서 지탱해 나갈 수가 없습니다."

불타는 다음과 같이 대답했다.

"나도 깨달음을 얻기 이전에는 그와 같은 곤경과 싸우지 않으면 안 되었다. 그리하여 바른 명상에 대한 방해와 교란—요컨대 의혹, 주의 산만, 태만과 졸음, 완고한 혼미, 심령적인 균형의 결여, 둔중, 정력의 과잉, 정력의 부족, 방심, 자기 침잠의 과잉—이것들을 나의 내부의 쉴 새 없는 긴장된 투쟁에 의해서 차례차례 극복해 나갔을 때 그때야 비로소 진실한 성과를 얻었던 것이다."

불타는 이와 같이 심령의 적을 열거하고, 다시 구체적인 비유를 들어 설명하고 있다. '완고한 혼미'는 나그네가 쓸쓸한 길에서 좌우로부터 두 사람의 살해자에게 습격을 당했을 때 공포에 떤 나머지 멍해지는 상태에 비유된다. '정력의 과잉'은 한 마리 메추라기를 양 손으로 너무나 힘을 주어 꼭 쥔 나머지 눌러 죽이는 일에 비유되고, '정력의 부

노을을 등지고 / 달을 벗 삼아

족'은 메추라기를 충분히 꼭 잡고 있지 않은 탓으로 손에서 날아가 버리는 일에 비유된다. '심령적인 균형의 결여'는 하나의 보물을 찾아 헤매다가 다섯 개의 보물을 동시에 발견한 사람의 지나친 기쁨의 흥분에 비유된다. '내면의 균형'에 대해서 이와 같은 의미 내용을 바르게 이해하는 것은 불교의 명상을 이해하는 데 중요한 일이다. 불타가 설하는 명상에 관해서 중요한 것은, 그것이 정상적인 의식을 억압하거나 '망아忘我' 내지 '병적인' 상태에 관여하는 것이 아니라, 심령적인 청정과 내면적인 명상에 뒷받침이 된 정신력의 명석하고도 활발한 강화와 정신 통일에 관여하는 점이다.

■ 제4 명상 단계의 바로 위가 '허공의 무한성의 세계(空無邊處)', 그 위가 '의식의 무한성의 세계(識無邊處)', 그 다음의 단계가 '허무의 세계(無所有處)', 그에 이어서 '의식과 무의식을 초월한 세계(非想非非想處)'까지 올라간다. 이것에 이어지는 것이 최후의 단계이며, 이렇게 됨으로써 수행자는 현세의 육체에 있어서 달성할 수 있는 최고의 목적에 달성한다. 이것을 '지각의식(想)'과 감각을 (의지에 의해서) 절멸하는 것을 '상수멸想授滅'이라고 하고, 혹은 단순히 '절멸絶滅'이라고도 한다.

■ '정定'이라는 말은 원래는 '도달 혹은 완성 상태에 도달하는 일'이라는 의미이거니와, '요가수트라'에 있어서도 역시 명상 단계의 하나라는 의미로 쓰여 있다. 요가의 본질적인 특징은 이미 말한 바와 같

이, 요가는 철학이나 그 밖의 모든 인간적 인식의 지향처럼 현실의 의식 상태의 범위 안에서 가능한 경험이나 추론의 도움을 받아 인식에까지 고양되어 가려고 하는 것은 아니다. 오히려 요가는 바로 그 현실의 의식 상태를 초월하는 걸 목표로 삼는다. 이와 같은 특징은 그 전체의 당연한 결과로서 불교에도 적용된다. 다시 말하면 불교의 '도道'로서 절정에 도달한 인식에의 지향 및 해탈에의 지향에 들어맞는 것이다. 그리하여 의식의 여러 단계의 묘사에 있어서는, 불교는 '요가수트라'보다도 오히려 훨씬 더 상세히 되어 있다. 불전은—차라리 '불타의 가르침'이라고 해도 좋을 것이지만—의식의 문제를 특히 상세히 설하고 있다.

■ 의식이 지닌 여러 상태의 순서와 단계는 여러 원소가 의식에서 출발하는 것과 같은 구조로 되어 있다. 그때에, 명상자는 지地의 원소(地大)로부터 출발하며, 한참 동안 자신의 의식을 지地에 대해서 통일하여 지의 의식(地想)에 머물고, 그런 후에 즉시 허공의 의식에 오르든가, 그렇지 않으면 지수화풍地水火風의 여러 원소의 순서와 단계를 자신의 의식 속에 다음에서 다음으로 차례차례 경험해 나가, 자신의 의식 속에서 지수화풍의 감각을 차례차례로 없애버린다. 다음에 화火에 접속하여 (이른바 제5의 집합상태로서) 허공 원소(空大)에 도달한다. 명상자는 화火의 의식(火想)으로부터 '허공의 무한성의 세계(空無邊處)'로 옮아갈 때 허공 원소의 의식으로 올라가는 것이다. 이어서 다

노을을 등지고/달을 벗 삼아

음 단계 '식무변처識無邊處'에 올라가면 그는 이 허공의 의식까지도 자기의 내면에서 없애버리고, 뒤에는 단지 영적 의식의 무한성의 감각만이 남는다. 다시 이 단계를 떠나면, 다음에는 '허무의 세계(無所有處)'에 올라가 허무에 직면한다. 그러나 불교에서는 이 허무에의 직면도 아직은 최종적인 상태라고는 할 수 없고, 다시금 위쪽의 의식 단계에 이르는 도중의 통과점임에 지나지 않는다. 명상자는 이 허무의 감각까지도 자기의 내부에서 없애버리지 않으면 안 된다. 그리하여 이에 성공하면 '의식과 무의식의 피안彼岸의 단계(非想非非想處)'에 머문다. 다음에 '이 세상의 의식도 저 세상의 의식도 지나지 않는' 단계에 이르면 최종 최고의 단계인 소멸(滅盡)의 단계에 오른다. 경전에 의하면, 이 단계는 이에 '적정한 것, 존귀한 것(殊妙)'이고, 일체 행의 경지(寂止)이며 모든 고뇌의 완전한 절멸이요 열반이다.

■ 이러한 생물이 소속하는 세계는 관능적 욕망의 영역인 감성 세계(欲界)보다도 위에 있으며, 명상, 즉 정려의 제일 단계에 올라가게 되는 것이다. 이 고차적인 영적 영역은 감성 세계인 욕계와는 달라서, 명상에 있어서 비로소 실현되는 영역이며, 색계色界, 즉 '형상의 영역' 혹은 '형상의 세계'라고 일컬어진다. 이 세계는 정려의 제4 단계와 서로 관계가 있는데, 이 속에는 비교적 하층 신들의 서열이 포함된다. 색계 위에 있는 것이 무색계, 즉 '형상 없는 것의 영역'이다. 이 영역에 들어가기 위해서는 '허공의 무한성'에까지 올라가지 않으면 안 된다. 그리

고 이 영역에는 아야타나(處)라는 이름이 붙은 여러 가지의 침사 단계가 포함된다. 위에서 말한 바와 같이, 이 영역에도 또한 일정한 신들이 소속한다. 욕계·색계·무색계는 이른바 불교의 삼계이며, 도의 수행자는 거기에서 탈출을 꾀하고 있는 것이다. 도의 수행자가 명상에 있어서 '멸滅'이라고 일컬어지는 단계에 도달했을 때에 탈출할 수가 있게 되는 셈이다. 그 단계에 속한 것을 적정한 것, 미묘한 것, 상스카라(諸行)의 적지, 세간적 욕망(渴望)의 소멸, 열반이라고 한다. 이 경우에도 역시 의식 상태에 대응하여 영적 영역이 있다. 즉, 관능과 형상과 무형상이라는 삼계(욕계·색계·무색계) 위에 최고 초월의 영역으로서 멸계滅界 또는 진계盡界가 있다. 수행자는 명상의 온갖 저급 단계를 초월하여 열반 단계에 도달했을 때 그 멸계에 들어가는 것이다. 그러므로 멸계는 열반계 혹은 열반 요소라고도 일컬어진다. 그리고 또한 신체를 구성하는 기체基體가 아직도 남아 있느냐 없느냐에 따라서 유여의有餘依와 무여의無餘依의 열반계로 구별된다. 기체가 소멸한 열반의 영역(무여의 열반계)에 불타가 들어가는 것은 육체로부터 탈각하여 생리적으로 죽을 때(般涅槃)이다. 열반계는 또한 '불사계不死界', '감로계甘露界'라고도 한다. 그것은 생사의 윤회가 행해지고 있는 여러 영역의 밖에 존재하기 때문이다. 그것은 모든 시간적 제약(世俗)으로부터 완전히 초월해 있는 불사不死의 지복(甘露)의 영역이다. 불타는 보리수 밑에서 그와 같은 불사의 지복을 발견했던 것이다. 수행자가 명상의 낮은 쪽의 여러 단계에 있을 때에 접촉하는 영역은 많든 적든 간에 모두 시간적·현세

노을을 등지고 / 달을 벗 삼아

적 제약을 받고 있다.

　■ 깨달음을 얻기 이전, 아직 보살이 없던 시절, 불타는 긴장된 명상·수행에 의해서 통찰력을 한 단계 한 단계씩 높여 가서, '신(諸天)'이라고 일컬어지는 초감각적 생물의 명확한 직관의 정도를 차례차례로 높여간다고 한다. 불타의 말씀에 의하면, 처음에는 (명상 속에서) 단지 광명을 지각할 수가 있었을 뿐이었다. 정신 통일이 고조되어 감에 따라서 그는 고도의 통찰적인 직관(智見極大明淨)까지 올라가 이제는 형상 색체의 표상을 갖는다(이러한 색채 형상의 표상에 의해서 나타난다). 그러나 영적 생물과 아직 대화할 수는 없다. 그리고 나서 더욱 더 끈기 있게 수행해 나가는 동안에 광명을 보고 색채 형상의 표상을 가질 뿐만 아니라, 그 표상에 의해서 나타나는 신들과 대화를 할 수가 있게 된다. 그러나 이러한 생물의 하나하나가 어느 신들의 서열에 소속하는지 인식할 만한 영감을 아직은 가지고 있지는 않다. 긴장된 명상의 고투를 더욱 더 계속해 나가는 동안에 추구하던 영감이 찾아와서, 바야흐로 자신과 대화하는 초감각적인 생물들이 어느 신들의 서열에 소속되어 있느냐 하는 것까지도 알게 된다. 그러나 그 신들이 어떠한 카르마에 의해서 그와 같은 단계까지 발달해 왔느냐 하는 것은 아직 모르고 있다. 그리고 나서 최후로 다시 한 단계 수행을 고향해 나가라. 이 최고의 지각조차도 획득한다. 다시 말하면, 그의 통찰력이 도달한 단계에 있어서는 광명을 지각하고 색채 형상의 표상을 가지며, 이러한

현상에 의해서 나타나는 신들과 대화하여, 그들이 어느 서열에 소속되어 있는지를 알 뿐만 아니라, 이제는 그 이상의 것까지도 알게 된다. 즉, 그 신들이 어떠한 카르마의 결과, 이전의 어느 생존 단계에서 떠나 현재의 단계에 도달했느냐, 수명은 얼마나 긴가, 그 생애에는 어떠한 낙과 고를 경험했는가, 혹은 또한 그 자신이 이미 언젠가 이전의 발달 단계에 그러한 생물과 어떠한 관계가 있었느냐 없었느냐 등과 같은 것까지도 알게 된다. 불타는 이 경우 마지막에 가서 다음과 같은 점을 강조하고 있다. 즉, 불타는 신들에 대해서 그와 같은 명료한 통찰력을 얻는 데 성공했을 때 비로소 불타로서 최고의 완벽한 깨달음을 얻을 수가 있었다는 것이다.

■ 불교에서 신들은 이른바 다신교와는 근본적으로 다른 역할을 가지고 있으며, 그러한 종교에서 생각하고 있는 것과 같은 의미에서의 본래의 제신숭배諸神崇拜 등을 불교에서는 인정하지 않는다는 것은 옳다. 그러나 그렇다고 하여 불교에서 신들은 전혀 아무런 의미도 갖지 않는다고 믿는 것만큼 심한 오해는 없을 것이다. 솔직히 말해서, 불교의 참다운 본질을 깊이 해명하기 위해서는 확실히 불교와 신들과의 관계만큼 적당한 것은 없다. 불교가 다른 여러 종교와는 달라서, 신 또는 신들에 대한 교의적 관계를 인정하지 않는다는 것, 더구나 성스러운 것, 초감각적인 것을 향해서 완전히 올라간다는 점에서는 종교로서의 성격을 명백히 갖추고 있다는 것, 이것은 의미심장한 것이며,

노을을 등지고 / 달을 벗 삼아

다른 무엇보다도 교훈적이다. 신에 대한 침묵과 그 의의에 대해서는 이미 다른 관계에서 서술해 놓았다. 그러나 신들은 그렇기 때문에 한층 더 커다란 역할을 지니게 되어 여러 불전 속에 종종 나오거니와 그것은 불교인의 '기도'의 대상도 아니다. 오히려 그러한 존재자는 순수하게 영적이요 초감각적인 것들이며, 도의 수행자는 그것들의 발밑에까지 명상 속에서 올라가는 것이다.

■ 종교로서 불교의 본질 및 그와 동시에 다른 여러 종교와 불교와의 차이를 좀 더 바르게 파악하는 방법으로는 명상의 의의를 찾아내고, 그것을 다른 여러 종교에서 기도가 하는 역할과 비교해 보는 것이 가장 좋다. 다른 여러 종교에 있어서 기도가 종교 생활의 핵심을 이루고 있는 것과 마찬가지로 불교인에 있어서는 명상이 종교 생활의 핵심이다. 영적인 것, 초감각적인 것 속으로, 즉 근대 서구의 감각에 있어서는 처음에는 일종의 '허무'로서 나타나는 것 속으로 명상에 의해서 침잠하는 일이다(더구나 실제로, 불교에 있어서 명상의 특정한 단계에 '허무와의 직면'을 경험하게 된다). 이 책에서 이제까지 서술해 온 불타의 원초적 교리를 떠나, 불교가 아시아 제국에서 외면적 종교로서 취한 여러 형태에 주목하면, 종교 생활 전체 속에서 명상이 가장 잘 보급되어 있는 것은 티베트의 경우이다. 티베트의 신자는 모든 생활에 있어서 '옴 마니 파드메 홈(참으로 보석(이슬방울)이 연꽃 위에 있으며, 참으로)'이라는 문구를 외워 기도하거니와, 이 문구 속에는 우주력과 같은 것을 향하여 뭔

가를 간절히 소원하는 의미는 포함되어 있지 않다. 차라리 지극히 단순하고 지극히 솔직한 명상이요, 그것을 업처業處로 삼아 신앙자는 신성한 상징의 형태로 관자재보살觀自在菩薩에게로, 나아가서는 그 보살을 통하여 무량광불無量光佛에게로 올라가는 것이다. 티베트에 있어서 '옴 마니 파드메 훔'이라고 외면서 신적인 것, 초감각적인 것으로 올라가는 형태는 서구인(피셸, 바렐, 스벤헤딘 등)으로서는 지극히 이상한, 아니 오히려 어리석은 것처럼 보일는지도 모르지만, 다른 면에 있어서는 티베트의 분위기 전체에 이른바 그 명상이 보급되어 있는 것처럼 보이며, 그런 현상에는 역시 일종의 숭고한 느낌이 감돌고 있다. 그런 것을 스벤헤딘은 느끼기도 했다. 그는 '옴 마니 파드메 훔'에 대해서 그의 저서 속에서 서술해 놓았다. "이 문구는 티베트와 한 몸이다. 이 문구를 떠나서 눈에 뒤덮인 산이나 푸른 호수를 생각할 수는 없다. 그것은 이 국토와 밀착해 있다. 마치 벌의 붕붕거리는 소리가 벌집과, 긴 깃발의 펄럭거리는 모습이 산마루와, 다함없는 서풍이 쉴 새 없이 윙윙거리는 소리와 밀착해 있는 것과 마찬가지다"라고.

중도에 대한
바른 이해

우리가 흔하게 사용하는 말 중에 '중도中道'라는 것이 있습니다. 글자 그대로 해석하면 '가운데 길'이라는 뜻입니다. 부처님의 가르침 가운데 핵심적인 것을 꼽으라면 당연히 '중도 사상'일 것입니다.

그런데 이 중도를 말하면서 '가운데 길'이라는 글자의 뜻에만 생각이 머물러, 이것도 저것도 아닌 중간을 취하는 것이 중도라고 생각하는 사람들이 많습니다. 이러한 이해는 불교에 대해 그릇된 인식을 심어주게 됩니다. 불교는 모호하다고 하거나 애매하다, 이것도 아니고 저것도 아니고 불분명하다는 편견을 갖게 됩니다.

과연 불교가 모호할까요? 불분명할까요? 과연 모호하고 애매한 것을 진리라고 말할 수 있을까요? 부처님께서 불분명하게 말씀하셨다면 그것을 진리라고 따를 수 있을까요?

부처님께서 말씀하신 중도는 우리가 일반적으로 말하는 '가운데'의 개념과는 전혀 다릅니다. 가운데는 중심이라는 뜻입니다. 이 중심이 갖는 가장 큰 의미는 어느 한 쪽에도 치우치지 않는다는 것입니다. 치우치지 않는다는 것은 어느 한쪽으로 쏠리지 않으며 중심이 안정되어 있음을 의미합니다.

중도를 말할 때의 중심은 양극단을 배제한 것입니다. 왜 양극단의 배제가 중도의 한 부분이 되었을까요? 좋음과 싫음, 사랑과 증오, 관심과 무관심, 아름다움과 추함 등 극단은 여러 가지일 수 있습니다. 각각 반대 편에 있는 것들을 배제한다면 무엇이 남을까요? 어떤 개념이 있다고 가정할 때 정확한 중심에 이르렀다면 그 중심을 어느 쪽의 개념으로 이해해야 할까요?

중심은 왼쪽도 오른쪽도 아닙니다. 이쪽을 사랑이라 하고 저쪽을 미움이라 할 때, 그것들이 점점 거리를 좁히다가 정확한 중심에 이르면 그것을 사랑이라고 말할 수 있을까요? 아니면 미움이라 해야 할까요? 정확한 중심에는 어떤 개념적 의미 또는 낱말적인 상황을 떠난 상태입니다. 정확하게 설명하자면 사랑도 미움도 아닙니다.

중도적 관점이라는 것은 무엇을 뜻하는 것일까요? 가운데를 보는 것일까요? 가운데를 보려면 어떻게 해야 하는 걸까요? 우리가 중도적 관점을 유지한다는 것은 가운데를 보는 것이 아닙니다. 왜 부처님은 양극단을 배제했을까요? 여기에 해답이 있습니다. 중도라는 것은 사물을 있는 그대로 보고자 하는 것입니다. 나의 생각, 고정관념, 아집으

노을을 등지고 / 달을 벗 삼아

로 보는 것이 아니라 있는 그대로 보는 것입니다.

아름다움이든 추함이든 한쪽으로 보는 것은 중심을 유지한 관점이 아닙니다. 나의 관점으로 다른 이의 관점과 만나게 되면 이견이 생겨 충돌하게 됩니다. 내가 보는 것이 옳으며 나의 생각을 따르는 것이 옳다는 독선이 생기게 됩니다. 양극단을 배제한 이유는 그 양극단이 사물을 있는 그대로 보는 것을 막기 때문입니다. 어떤 것이든 두 개의 끝은 중심에서 가장 멀리 떨어져 있어서 중심과 가장 상반된 모습을 가지고 있으며 가장 이질적인 생각들이기 때문입니다.

사물을 있는 그대로 본다면, 어떤 것을 존재하는 그대로 본다고 한다면, 그곳에는 미움도 사랑도 추함도 아름다움도 없습니다. 사물들은 스스로 아무 말도 하지 않습니다. 단지 사람들이 만들어 낸 이름일 뿐입니다. 이러한 곳에서는 다툼이 있을 수 없습니다. 갈등이 있을 수 없습니다. 있는 그대로일 뿐이고 그 자체일 뿐입니다.

부처님의 중도 사상은 불분명하고 애매한 것이 아닙니다. 어떤 것도 가미하지 않고 사물을 있는 그대로 보는 것입니다. 이것이야말로 진정 정확한 관점입니다. 바르고 정확하게 보는 중도의 관점을 모호하고 애매하다고 생각한다면 이것이야말로 어리석음의 극치입니다.

중도의 가르침은 우리에게 어떤 것이든 그대로의 모습을 보기 위해 노력하라고 가르칩니다. 중도에 대한 바른 이해는 고정관념을 배제하고 모든 것을 있는 그대로 보려는 노력으로부터 시작됩니다.

곡선을 닮은
직선

한국의 미美를 말할 때 빠지지 않는 것이 곡선에 대한 이야기입니다. 곡선에 대한 표현이 미의 완성도에 중요한 기준이 됩니다. 우리의 도자기, 옷, 집 등은 선이 갖는 그것의 느낌을 참으로 자연스럽고 멋스럽게 담아냅니다. 백자와 청자의 선, 우리의 옷이 갖고 있는 부드럽고 온화한 흐름, 단조로울 수 있는 지붕에 덧서까래를 올려 마무리한 건축 등 한국의 전통미에서 곡선은 빼놓을 수 없는 중요한 부분입니다.

흔히들 굽고 휘어진 선을 곡선이라 부르고 곧게 뻗은 일자의 선을 직선이라 합니다. 그렇듯 '곡曲'과 '직直'은 형태가 다르고 그에 따른 '감感' 또한 다릅니다. 돌아설 듯한 아쉬움이 곡선이라면 직선은 정면을 향한 역동의 느낌입니다. 도시가 직선에 가깝다면 자연은 곡선과 더 잘 어울립니다. 잠시 멈춤, 여백, 추월을 걱정하지 않는 관조觀照, 이는

노을을 등지고 / 달을 벗 삼아

하나같이 곡선의 이미지를 보여주는 단어들입니다.

책을 읽다가 눈에 들어오는 시가 있었습니다. 이우걸 선생의 「아직도 우리 주위엔 직선이 대세다」(『네 사람의 노래』, 문학과지성사)라는 시였습니다.

건물은 눈치껏 가로 세로 맞추고

사람들은 안전선 밖에 일렬로 서야 하고

아직도 우리 주위엔 직선이 대세다

쉽고 편하고 강하다고 생각하지만

직선은 굳으면 칼날이 된다는데

아직도 우리 주위엔 직선이 대세다

여백을 공간의 낭비라고 생각하는 '직선이 대세'인 세상에서 곡선은 설 자리가 없습니다. 구부러진 곳은 '굳으면 칼날이 되는' 몇 개의 직선만 있으면 간단하게 정리됩니다. '효율적' 공간이 만들어집니다.

경계를 긋는 데 유용한 것이 직선입니다. 이런저런 뒷말 없이 더도 덜도 아닌 양단의 분명한 구획이 선 하나로 나뉘게 됩니다. 가진 것을 덜어내 균형을 맞추는 것이 아니라 서로의 삶에 간섭하지 않는 경계입니다. 그 후 선은 저쪽과 이쪽을 상대적이라는 단어로 묶어 타자의 영역을 만듭니다. 그리고 이제 그 경계를 인정하고 지켜야 하는 의무가 우리 앞에 놓입니다. 직선이 칼날이 되어도, 점점 더 날카로운 칼날이 되어 서로를 위협해도 우리의 줄긋기는 멈추지 않습니다.

조상들의 마음을 더듬어 봅니다. 그들이 선의 심오한 의미와 철학적 해석을 통해 물레를 돌리고 저고리를 짓지는 않았을 것입니다. 인간과 자연을 대하던 우리 마음씨가 곡선으로 표현되어 생활에 투영된 것이며, 그러기에 그곳에서 생겨난 틈새와 어그러짐을 손대지 않고 조화의 한 부분으로 수용했을 것입니다.

소설가 이윤기 씨는『숨은 그림 찾기1-직선과 곡선』에서 데생의 줄긋기에 대해 언급하면서 선과 선을 연결하고 가로 선과 세로 선을 잇다 보면 결국 곡선이 만들어진다고 말합니다. 날카로운 선이 교차하며 몇 개의 선을 지나다 보면 둥근 선으로 바뀌어져 있습니다.

만나고 이어져 눈을 맞추면 언제든 달항아리의 덕성스런 곡선으로 새로 날 수 있음을 봅니다. 굽이치는 곡선은 결국 토막 난 직선의 교류와 소통으로 창조되는 것입니다.

날카로운 직선들은 둥근 곡선의 한 부분이었습니다. 깨어져 나누어지기 전 그 모습은 더 없이 아름다운 점들의 모임, 선들의 집합이었습니다.

직선이 대세인 시대에 여전히 굳건한 믿음은, 직선은 곡선의 형태를 지향하며 곡선은 바다와 같은 존재로 곧은 강줄기를 받아들이는 원융의 전체라는 것입니다.

노을을 등지고/달을 벗 삼아

두 번째 화살을
맞지 마라

우리는 어떤 일이 발생하면 그것에 반응합니다. 그때 표현되는 감정은 상황에 따라서 여러 가지입니다. 희로애락에서부터 무관심까지 본인이 느끼는 감정에 따라 반응하기 때문이지요. 만약 괴롭다면 무엇 때문에 고통스러운지 정작 잘 알지 못합니다. 처음 발생한 일 때문에 괴로운지, 아니면 그 일에 대한 반응의 결과로 괴롭고 힘든 것인지 알지 못합니다.

　감정은 또 다른 감정을 낳아서 분노와 불쾌는 다른 일에도 영향을 줍니다. 그런데 하나하나 거슬러 올라가보면 우리네 삶은 의외로 간단합니다. 복잡하다고 생각했던 것들이 하나의 문제에서 파생된 다양한 감정의 표현이라는 것을 알게 되지요.

　하나의 문제에 반응하는 태도가 복잡한 감정을 만들고, 그 태도는 다른 것을 만듭니다. 이렇게 층층이 이어져 나중에는 본질이 무엇인지, 왜 이토록 분노하는지 알지 못하게 됩니다.

처음에 일어났던 그 문제로 돌아가봅시다. 예를 들어 아주 슬픈 일이 생겼을 때 우리는 그것에 반응합니다. 눈물을 흘리기도 하고 소리 높여 울기도 하며, 어떤 경우는 식음을 전폐하기도 합니다.

슬픔의 표현은 어느 정도 필요하지만, 과도한 슬픔은 그것에 의해서 또 다른 슬픔을 만들어냅니다. 우리가 느끼는 감정의 다양함은 그것을 절제하고 통제하지 않으면 또 다른 감정의 원인이 됩니다.

부처님은 『상응부경전相應部經典』에서 "두 번째 화살을 맞지 마라"고 말씀하셨습니다. 우리가 살면서 겪는 여러 가지 일 중에는 피할 수 없는 것도 있습니다. 그것을 겪고 싶지 않지만 어쩔 수 없이 겪고 지나야 하는 일이 있지요. 하지만 이것도 인연법에 따른 것입니다.

우선 첫 번째 화살에 대해 살펴보겠습니다.

"비구들이여! 배우지 못한 범부도 즐거운 느낌을 느끼며, 괴로운 느낌을 느끼며, 괴롭지도 즐겁지도 않은 느낌을 느낀다. 마찬가지로 잘 배운 성스러운 제자도 즐거운 느낌, 괴로운 느낌, 괴롭지도 즐겁지도 않은 느낌을 느낀다.

그렇다면 비구들이여! 잘 배운 성스러운 제자와 배우지 못한 범부 사이에는 어떤 구별이 있으며 어떤 다른 점이 있으며 어떤 차이가 있는가?"

여기에서 배우지 못한 범부란 경력과 학식을 말하는 것이 아닙니다. 부처님의 가르침을 배우지 못했거나 알지 못하는 사람을 말합니다. 반면 잘 배운 성스러운 제자란 부처님의 가르침을 배우고 익히며 실천하는 수행자를 말합니다. 잘 배운 성스러운 제자나 배우지 못한 범부나 느끼는 것이 똑같이 괴롭고, 즐겁고, 괴롭지도 즐겁지도 않은 느낌을 느낀다면 우리는 왜 수행해야 할까요?

　수행자와 범부가 아무런 차이가 없다면 배워야 할 까닭이 없습니다. 힘들게 수행한 사람과 그렇지 않은 사람이 구별되지 않고 다른 점이 없다면 어려운 길을 갈 이유가 없습니다.

　우리는 여기서 우리가 느끼는 첫 번째 감정의 화살을 보아야 합니다. 어떠한 일이 일어났을 때 그것에 반응하는 첫 번째 모습이나 느낌을 말합니다. 다시 말해 인간의 기본적인 감정과 그것에 상응하는 일차적인 반응을 뜻합니다.

　수행한다는 것은 아무런 감정도 없는 목석이 되는 것이 아닙니다. 아무런 감정을 느끼지 않는 것이 아니라 그것을 느끼는 일차적 반응, 즉 희로애락에 휩쓸리지 않는다는 것입니다.

　우리가 어찌할 수 없는 것이 있습니다. 피할 수도 없앨 수도 없는 인과에 따라 날아오는 화살은 반드시 겪을 수밖에 없는 과정입니다. 그것은 생로병사입니다. 누구도 피할 수 없는 첫 번째 화살은 수행자나 범부나 모두 겪을 수밖에 없습니다. 여기에는 어떠한 차이와 차별이 있을 수 없습니다. 모두 평등하게 늙고 병들고 떠나기 때문입니다.

수행자와 범부의 차이는 두 번째 화살이 날아올 때 생깁니다. 어찌할 수 없는 인과의 과정으로 날아오는 첫 번째 화살에 뒤이어 다가오는 고통이 두 번째 화살입니다.

"배우지 못한 범부는 육체적인 괴로움을 겪으면 근심하고 상심하며 슬퍼하고 가슴을 치고 울부짖고 광란한다. 결국 그는 이중으로 느낌을 겪고 있는 것이다. 즉 육체적 느낌과 정신적 느낌을 겪는다. 그것은 마치 어떤 사람이 화살에 찔리고 연이어 두 번째 화살에 또다시 찔리는 것과 같다. 그래서 그 사람은 두 개의 화살 때문에 오는 괴로움을 모두 다 겪을 것이다."

부처님은 육체적 괴로움이 정신까지 이르게 되는 상황을 두 번째 화살에 찔리는 것과 같다고 말씀하셨습니다. 우리가 느끼는 괴로움은 바로 이러한 과정에서 일어납니다. 어떤 일로 인해 육체적으로 힘들면 거기에서 멈추지 않고, 그것에 대해 분노하고 집착하며 원망합니다. 스스로 두 번째 화살에 찔리는 것이지요.

첫 번째 화살은 세상 만물이 모두 겪는 원칙이기에 어찌할 수 없지만, 두 번째 화살은 얼마든지 피할 수 있습니다. 그런데도 우리는 두 번째 화살에 더 큰 고통과 상처를 입습니다. 두 번째 화살의 실체를 보면, 그 화살은 스스로 만드는 것임을 알 수 있습니다. 결국 나의 생각과 마음이 그 상황에 따르는 근심과 슬픔을 만든 것입니다. 내게 주

노을을 등지고 / 달을 벗 삼아

어진 것에 스스로 몇 곱절의 고통과 짐을 지우는 것입니다. 그래서 연이어 날아오는 화살에 또 찔리고 맙니다.

이는 배우지 못한 범부가 취하는 행동입니다. 첫 번째 화살이 날아온 후에야 비로소 잘 배운 제자와 배우지 못한 범부의 차이가 드러납니다. 부처님은 그 차이를 "상심하고 슬퍼하고 가슴을 치고 울부짖고 광란한다"라고 표현하고 있습니다. 그러나 잘 배운 제자는 두 번째 화살이 주는 고통의 과정을 겪지 않습니다. 두 번째 화살을 맞지 않았기에 아파할 까닭이 없습니다.

우리가 공부하고 수행하는 이유는 학식과 경력을 쌓기 위해서도 아니고 우쭐대기 위해서도 아닙니다. 생로병사의 과정에서 필연적으로 날아오는 두 번째 화살을 맞지 않기 위해서입니다. 분명 부처님은 잘 배운 제자는 두 번째 화살을 맞지 않고, 배우지 못한 범부는 두 번째 화살 때문에 오는 고통을 모두 겪을 것이라고 말씀하셨습니다. 두 번째 화살뿐이겠습니까? 세 번째, 네 번째, 열 번째, 백 번째 우리는 스스로 수많은 화살을 만들어 자신을 향해 쏘아대고 있습니다. 또 남을 향해 쏘아대고 있습니다. 여러분은 자신에게서 비롯된 고통을 타인에게 전가하며 원망하고 비난하고 있지는 않습니까?

배우지 못한 사람은 괴로운 느낌을 접하면 그것에 저항합니다. 그처럼 괴로운 느낌에 저항하는 사람은 그 느낌에 저항하기 위한 고질적 잠재 성향이 자리 잡게 됩니다. 그리고 그 괴로움에 밀려 감각적인 쾌락을 누리려 애쓰게 됩니다. 두 번째 화살에 찔려 고통 받을 때 그것을 잊고자 행동을 취하게 되는 것이지요.

그러나 어리석은 사람은 더 많은 괴로움과 악습을 만들고 맙니다. 부처님은 이를 "괴로운 느낌에 저항한다"라고 말씀하셨습니다. 두 번째 화살에 찔려 허둥대는 모습, 괴로움에 저항하며 도망치려 애쓰는 모습이 바로 나의 모습이며 우리 모두의 모습입니다.

누구나 고통에서 벗어나고자 합니다. 그리고 그것을 없앨 방법을 찾기 위해 골몰합니다. 그러나 어리석은 사람은 고통을 직시하기보다는 미봉책으로 그것을 면하기 위해 게으름을 피웁니다.

사회적 문제가 되고 있는 지나친 음주나 향락, 마약 범죄 등은 어리석은 이들이 고통에서 벗어날 수 있다고 믿는 방법들입니다. 도망치려는 마음이 만들어낸 부정의 그림자들입니다. 그것은 몸과 입과 뜻으로 짓는 삼업三業에 물들며 익숙함으로 자리 잡습니다. 고통에서 벗어나는 길은 그것밖에 없다고 생각합니다. 어떤 누구의 말도 들으려 하지 않습니다. 이미 '고질적 잠재 성향'이 버릇과도 같이 깊이 박혀 있기 때문입니다.

그리하여 증폭된 괴로운 느낌은 더욱더 감각적이고 자극적인 쾌락을 찾게 합니다. 점점 더 큰 자극을 원하게 만듭니다. 감각적인 쾌락만이 현재의 고통을 잊게 해준다고 믿기 때문입니다. 즐거움을 느끼는 동안에만 고통을 잊을 수 있기 때문에 몸과 마음이 황폐해질 때까지 파멸의 길을 멈추지 못합니다. 이것이 범부가 보여주는 모습입니다.

배우지 못한 범부는 고통을 근본적으로 해결할 수 있는 가르침이 있는데도 모두를 망치고 고통의 나락으로 밀어 넣는 어둠을 향해 달려갑니다. 시간이 지날수록 가속도가 붙어 자신도 통제하지 못하는 상황에 빠지고 맙니다. 부처님은 이를 일러 "괴로운 느낌에 밀린다"라고 이르셨습니다.

괴로운 느낌에 밀려 우리는 자신도 모르는 사이에 쉬운 방법에 익숙해지고 그것이 주는 간단함에 자신을 맡기게 됩니다. 이는 반성과 참회의 기회를 막아버립니다. 그리하여 바른 길과 지혜의 길에서 점점 멀어집니다.

"비구들이여! 이러한 사람을 일컬어 태어남, 늙음, 죽음, 근심, 탄식, 괴로움, 슬픔, 절망에 매인 배우지 못한 범부라 한다. 참으로 그는 괴로움에 매여 있나니, 이를 나는 분명히 천명하노라."

부처님은 배우지 못한 범부에 대한 정의를 내리셨습니다. 두 번째 화살에 맞아 괴로움을 느끼고 그것을 잊으려 감각적 즐거움을 택해 그것에 집착하고 헤어나오지 못하는 자를 배우지 못한 범부라고 말씀하십니다. 이들은 생로병사와 감정의 질곡에 매여 이러지도 저러지도 못하는 진퇴양난의 괴로움에 빠져 있다고 말씀하셨습니다.

이것이 중생의 모습입니다. 더하거나 덜할 것도 없는 우리 그대로의 모습입니다. 그러므로 배우지 못한 범부라 지칭한다 해서 화낼 것도 기분 나빠할 것도 아닙니다.

"비구들이여! 잘 배운 성스러운 제자는 육체적으로 괴로운 느낌을 겪더라도 근심하지 않고 상심하지 않고 슬퍼하지 않고 가슴치지 않고 울부짖지 않고 광란하지 않는다."

분명 똑같이 첫 번째 화살에 맞았지만 잘 배운 제자는 범부와는 전혀 다른 반응을 보입니다. 그 이유는 첫 번째 화살에 이어 날아온 두 번째 화살을 맞지 않았기 때문입니다. 괴로운 느낌은 느낌에만 머물 뿐, 더는 다른 데로 전이되어 갈등과 고통을 만들지 않습니다.

우리는 늙고 병듦을 두려워합니다. 죽는 것을 두려워합니다. 이는 그 과정에 따르는 극심한 고통 때문입니다. 육체적 고통과 뜻대로 되지 않는 자신의 몸과 마음에 대한 고통 때문에 우리는 그 과정의 자연스러움보다는 두려움에서 멀리 벗어나려 애씁니다. 피해가려 합니다. 그러나 누구도 그것을 피할 수 없습니다. 피할 수 없다는 것을 잘 알면서도 여전히 우리는 도망치고 회피하려 합니다.

진정 우리가 두려워해야 할 것은 첫 번째 화살이 아니라 두 번째 화살입니다. 누구나 맞는 첫 번째 화살이 아니라, 그 화살이 고통과 두려움이 되게 하는 두 번째 화살을 정확하게 봐야 합니다.

그런데 범부들은 아이러니하게도 필연적으로 겪을 수밖에 없는, 세상 누구도 피해갈 수 없는 원칙은 피해가려 하면서 수행과 배움을 통해 피할 수 있는 두 번째 화살은 그냥 맞으려 합니다. 태어났기에 때가 되면 죽어야 한다는 인과를 피하려 하고, 늙었음에도 병을 피하려 하고 항상 젊을 수 있기를 바라면서 온갖 방법과 수단을 동원합니다. 이 모든 것이 부질없음을 알면서도 시간과 노력을 쏟아 붓습니다.

그것의 십분의 일만이라도 두 번째 화살에 집중할 것을 권하고 싶습니다. 두 번째 화살을 피하는 수행과 공부에 시간과 노력을 들인다면 우리의 삶은 지금보다 훨씬 밝고 분명해질 것입니다.

잘 배운 성스러운 제자가 되는 방법은 첫 번째 화살을 피할 궁리를 하는 것이 아니라, 두 번째 화살에 대해 대비하고 준비하여 그것을 맞지 않는 것입니다. 이것이 우리가 그토록 바라고 원하는 고통과 번뇌에서 벗어나는 방법입니다. 고통의 해결 방법은 생로병사를 피하는 것이 아니라 생로병사가 주는 고통과 번뇌에서 자유로워지는 것입니다.

잘 배운 제자는 오직 한 가지 느낌, 즉 육체적 느낌만을 경험합니다. 그는 괴로운 느낌에 맞닥뜨렸다고 해서 저항하거나 분개하지 않습니다. 그러므로 그에겐 그 괴로운 느낌에 저항하려는 고질적 잠재 성향이 자리 잡지 않습니다. 육체를 가진 인간이기에 느끼는 근본적인 느낌만을 경험하는 것입니다. 더 정확하게 말해 육체적인 느낌을 넘어 그것이 주는 이차적 고통에 빠지지 않는 것입니다.

우리는 느낌을 갖는 순간, 그 경계를 넘어 어슬렁거리며 다가오는 것에 스스로 점령당합니다. 그리고 벗어나려고 피하려고 발버둥칩니다. 자신의 뜻과 어긋나는 현실을 원망하며 나 이외의 어떤 것을 찾아 책임을 전가하고 원망하며 비난합니다.

반면 잘 배운 제자는 저항과 분개로 부질없는 삶을 소비하거나 낭비하지 않습니다. 그러므로 그것은 굴레가 되지 못하며, 바람직하지 못한 부정적 습관에 길들지도 않습니다. 잘못된 습관에 자신의 근본에 자리를 내주지도 않습니다.

잠재 성향이란 내 안에 분명 존재하지만, 미처 알아차리지 못하는 내 안의 성질입니다. 평상시에는 잘 모르다가 상황과 조건이 갖춰지거나 때가 되면 밖으로 드러납니다. 없는 것이 아니라 잠재해 있는 것입니다. 내 안에 잠복해 있는 것입니다.

그런데 우리는 그것이 없어졌다고 생각합니다. 사라졌다고 생각합니다. 심지어 일회성으로 끝나버려서 다시는 자신에게 영향을 주지 않는다고 생각합니다. 그러나 없어진 것이 아닙니다. 잠재해 있는 것입니다. 더구나 쉽게 고치거나 없앨 수 없는 고질적인 것입니다. 자신 안에 고질적인 익숙함을 지니고도 전혀 알아차리지 못하면서 자신은 바르게 행동한다고 생각합니다. 자신의 기준으로 사람을 평가하려 합니다. 고질적 잠재 성향을 가지고 바라보는 눈이 지혜의 눈일 수는 없습니다.

"비구들이여! 이러한 사람을 일컬어 태어남, 늙음, 죽음, 근심, 탄식, 괴로움, 슬픔, 절망 등에 매이지 않은 잘 배운 성스러운 제자라고 한다. 그는 결코 괴로움에 매여 있지 않다고 나는 분명히 천명하노라. 비구들이여! 이것이 잘 배운 성스러운 제자와 배우지 못한 범부 간의 구별이요, 다른 점이며 차이점이다."

부처님께서 천명하신 내용은 잘 배운 성스러운 제자는 괴로움에 매여 있지 않다는 것입니다. 매여 있음은 구속을 의미합니다. 자유롭

노을을 등지고 / 달을 벗 삼아

지 못함을 뜻합니다. 그 괴로움이 더는 우리를 지배하고 구속하지 못한다는 뜻입니다. 생로병사가 주는 고통과 희로애락이 주는 괴로움이 더는 우리를 옭아맬 수 없으며 그 괴로움을 겪지 않아도 된다고 말씀하셨습니다. 괴로움을 겪는 것과 겪지 않는 것을 성스러운 제자와 범부의 차이점이라고 말씀하셨습니다.

똑같이 생로병사와 희로애락을 겪지만 한쪽은 괴로움에 묶여 많은 고통을 겪고 그것이 주는 잘못된 습관과 성향을 간직한 채로 살지만, 한쪽은 그것의 구속으로부터 벗어나 자유로운 삶과 괴로움을 여읜 삶을 삽니다. 이것이 '두 번째 화살'을 맞지 않는 것입니다.

생로병사와 희로애락의 첫 번째 화살이 주는 고통은 생래적으로 겪을 수밖에 없는 필연적 사건이지만, 그것들이 주는 괴로움에서는 얼마든지 벗어날 수 있습니다. 그리고 그것을 해결할 수 있다고 당당히 선언해야 합니다.

부처님의 가르침은 모두 밖이 아니라 안으로 향하는 질문입니다. 밖을 향해 해결책을 찾는 것이 아니라 자신에게 문제도 해답도 있음을 말씀하셨습니다. 그러나 우리는 문제도 해답도 밖에 있다고 생각을 합니다. '나'로 말미암아 비롯된 문제에 '너'를 대입시킵니다. 이는 필연적으로 '너'에 대한 원망과 탓으로 귀결될 수밖에 없습니다.

보고 느끼는 내가 없다면 저것이 내게로 와서 문제가 되지 않았을 것이며, 내가 알지 못하는 순간에도 나로 인해 본의 아니게 괴로움을 받는 삶이 있다는 생각을 한다면, 세상에 많은 빚을 지고 산다고 생각을 해야 합니다.

첫 번째 화살이 두려운 것은 뒤이어 날아올 두 번째 화살이 주는 고통 때문입니다. 왜 우리가 생로병사의 과정을 피하고 싶어 할까 살펴보면, 전부를 관통하는 고통이라는 존재와 만나게 됩니다.

부처님이 말씀하신 '두 번째 화살'은 우리의 두려움에 대해 보여주신 자비의 가르침입니다. 우리가 두려워할 것은 그로부터 비롯되는 잘못된 관점과 습관, 극단적인 관념이 만들어내는 쾌락과 폭력입니다.

부처님의 가르침을 배우고 실천하는 제자는 분명 두 번째 화살을 맞지 않습니다. 그러므로 생로병사 과정의 어떤 것도 두려워할 이유가 없습니다. 매우 자연스러운 순서이기 때문입니다.

잘 배운 성스러운 제자로서 범부의 어리석음을 벗어나 지금 이 순간에도 우리를 향해 날아오는 두 번째 화살을 맞지 않을 방법이 있습니다. 우리뿐만 아니라 이 세상의 생명 있는 모든 것과 함께 두 번째 화살이 주는 괴로움과 고통에서 벗어나 지금 이 순간 이곳에서 바로 행복해지기를 기원해 봅니다.

노을을 등지고 / 달을 벗 삼아

믿는 마음은
나만의 발원에 머물지 않는다

·

종교인들이 자주 사용하는 어휘 가운데 신심信心이라는 말이 있습니다. 어느 종교나 믿음을 바탕으로 종교생활을 하면서 종교적 믿음을 신심이라는 단어로 표현합니다. 활동을 성실히 하고 행사에 적극적으로 참여하는 신자를 가리켜 신심이 있다거나 신심이 좋다고 합니다. 말 그대로 풀이하면 믿을 '신信' 마음 '심心', 즉 믿는 마음입니다. 세간에서 사용하는 믿음과 다르지 않습니다.

부처님에 대한 믿음을 표현하는 방법은 매우 다양하지만, 법회에 빠짐없이 참석하고 열심히 기도하며 사찰 행사에 적극적으로 참여할 때 '신심信心이 있다'고 합니다. 그런데 신심 있는 모습으로 다른 이들의 모범이 되던 사람이 전혀 다른 모습으로 실망을 안겨주는 경우가 종종 있습니다.

자기 중심적인 말과 행동으로 모임의 분위기를 깨거나 억지 주장을 내세워 다른 사람을 불쾌하게 합니다. 배려 없는 말투로 여러 사람의 마음을 다치게 합니다. 어떤 때는 법회에서 보여주는 모습과 일상의 모습이 너무나 달라 다른 사람처럼 느껴지기도 합니다. 그러면 그동안 그 사람이 보여줬던 신심을 어떻게 받아들이고 이해해야 할까요? 우리는 그의 어떤 행동을 보고 '신심이 있다'라고 했던 것일까요?

　"종교를 열심히 믿는 것과 사람 됨됨이는 다르다"라는 말이 있습니다. 바꿔 말해 부처님을 열심히 믿는 것과 인간성은 비례하지 않는다. 신심은 신심이고 사람은 사람일 뿐 서로 영향을 주지 못한다는 의미입니다. 신앙은 신앙일 뿐 가르침과 실천은 다르다는 말로도 이해될 수 있습니다.

　그렇다면 우리가 사찰이나 기도처에서 보게 되는 신심은 무엇일까요? 기도할 때의 신심과 일상 생활에서 다른 사람을 대할 때 보여주는 마음이 다르다면, 불교의 신심은 사찰에서 나의 개인적 소원을 구할 때에만 필요한 것일까요? 말 그대로 종교활동에서만 존재하는 별도의 마음일까요? 아니면 허상일까요?

　자신의 전체적인 삶을 변화시킬 수 없다면, 바람직하고 긍정적인 방향으로 이끌 수 없다면, 내게 종교는 무엇인가 하는 의문을 가져야 합니다. 신심 있는 사람이 넘쳐나고 법회에 자리가 없을 정도로 성원이 되어도 사찰 밖에서는 관용과 배려 없이 오직 개인의 삶에만 집중하고 있다면, 우리에게 부처님의 가르침은 무엇이며 그것을 믿고 실천한

노을을 등지고 / 달을 벗 삼아

다는 신행 생활의 참뜻이 무엇일까 생각해보아야 합니다.

나 자신, 내 가족, 내가 아끼는 사람을 위해 기도하고 발원하는 것이 잘못됐다거나 나쁘다는 게 아닙니다. 지극히 당연하고 자연스러운 것이지요. 기복불교祈福佛教를 부정적으로 보는 분도 있지만, 종교의 시작이 복을 얻고 화를 피하고자 하는 마음에서 출발한 이상 그것을 나무랄 수는 없습니다.

그러나 '만'이라는 단어로 기도의 내용을 한정할 때, 그 이외의 것에 선을 그을 때, 기복은 부정적인 의미가 됩니다. 기복의 내용에 포함되는 나와 내 가족 외에는 아무 관심도 없는 철저한 이기심이 만연하게 됩니다. '나만', '내 가족만', '내 사람만'이라며 선을 긋는 것은 우리의 신심을 아주 편협한 이기주의로 만들어버립니다. 한 걸음도 더 나아가지 못하고 평생 그 자리에 머물며 '나와 내 가족만'을 말한다면 기복을 넘어 심각한 문제입니다.

왜 나와 내 가족으로 그 범위를 한정해서 복을 빌고 구하는 것일까요? 나누면 작아지고 없어진다는 이기심이 포함되어 있는 건 아닐까요? 복을 기원하는 행동 그 자체는 긍정도 부정도 아닙니다. 내용이 중요합니다. 기복이 아니라 기복의 내용에 주목해야 합니다.

종교적 배타성을 가진 이들을 보면 신앙심이 깊고 믿음이 강하다는 사람일수록 독선적이며 이기적인 모습을 보입니다. 내 것, 내가 믿는 것 외에는 귀를 기울이거나 이해하려 하지 않습니다. 털끝 만큼도 허용하지 않습니다. 그런데 같은 믿음을 갖고 있는 사람들 사이에선

이러한 행동이 신앙이 돈독하다는 칭찬의 말로 표현됩니다.

불교의 신심은 그렇지 않습니다. 불교의 신심은 모든 생명에 관심을 가지며, 모든 생명이 고통에서 벗어나기를 발원합니다. 종교에 관계없이 생명 있는 모든 것에 적용됩니다. 종교가 무엇인가, 어떤 신앙에 의지하는가 하는 것은 아무 문제가 되지 않습니다. 이것이 불교의 신심입니다.

우리 모두는 연기緣起로 이어져 있기에, 홀로 존재하는 것이 아니기에, 나만 따로 떼어놓고 생각할 수 없습니다. 이는 선택의 문제가 아닌 진리이며 존재의 법칙입니다. 신심은 이렇듯 불교적 존재 양식에 대해 확고한 믿음을 갖는 것이며, 뭇 생명은 나의 생존과 연결되어 있음을 자각하는 것입니다. 이러한 신심을 갖춘 사람은 독선적일 수 없으며, 결코 '나만의 발원'에 머물지 않습니다.

나이가 많은 노인들은 시대적 여건상 체계적인 교리 학습을 접할 기회가 적어 신행 활동의 폭이 좁을 수밖에 없었습니다. 이들은 참으로 어렵고 곤궁한 시대를 지나왔습니다. 시대적 상황 속에서 그들이 택할 수 있는 여지는 거의 없었습니다. 그러나 오늘날은 생활과 기회 여건이 전과는 비교할 수 없을 정도로 편리하고 윤택해졌습니다. 교육 수준도 훨씬 높아져서 지식과 교양을 쌓을 수 있는 기회와 계기는 찾기만 한다면 얼마든지 손에 쥘 수 있습니다.

불교교양대학을 졸업하고 체계적인 교리 교육을 이수한 젊은 불자들이 많습니다. 여러 큰스님의 법문을 들으며 나름대로 공부하는 사람들도 많습니다. 그러나 막상 기복의 차원에 들어서면 '자신만의 울타리'에 갇혀 한 걸음도 나아가지 못하고 있다면 심각하게 고민해봐야 합니다. 사찰에 오래 다니고 공부를 많이 한 사람들이 초심자를 대하는 데 자비와 차별없는 마음에 대한 성찰을 공유하지 못한다면 초심자와 앞선 분들의 신심은 햇수의 차이일 뿐 별반 다르지 않습니다.

불교의 믿음은 배타적이지 않습니다. 깊은 믿음은 모든 생명에 대한 자비를 의미합니다. 상대에게서 나를 보며 생명의 근원에 내 모습이 자리 잡고 있음을 믿기 때문입니다. 불교의 믿음은 독선적이지 않습니다. 세상에 홀로 존재하는 것은 없으며, 내 존재는 누군가의 도움과 배려로 여기에 있음을 믿기 때문입니다.

불교의 믿음은 이기적이지 않습니다. 남을 위하는 것이 결국은 나를 위하는 것이며, 세상 모든 생명을 돌보고 살피는 일이 나와 내 가족을 살피는 일과 다름없음을 알기 때문입니다. 불교의 믿음은 구별하지 않습니다. 궁극은 하나로 귀결되며 그 갈래는 하나의 모습에 다른 이름일 뿐 결국은 하나임을 믿기 때문입니다.

자신을 위한 기도, 가족을 위한 기도 가운데 잠시라도 고통받는 생명과 이웃에 대해 발원할 것을 권합니다. 세상의 모든 것은 연결되어 있으며 나는 그 속에 존재합니다. 내가 아끼는 사람들 또한 그 속에 더불어 존재합니다.

'만'이라는 한정된 생각은 우리가 독립적으로 존재한다는 어리석음에서 비롯된 것입니다. 부처님의 가르침은 세상 모두는 연결되어 있으며 어느 것 하나도 따로 존재하는 것은 없음을 말씀하고 있습니다.

불교는 믿고 행함에 나누지 않으며 분별하지 않습니다. 그것은 모두 우리의 탐욕과 성냄과 어리석음이 빚어낸 허상임을 알기 때문입니다. 나누려 한들 나누어지지 않고, 분별한다 한들 분별되지 않기 때문입니다. 내 생각 속에서 쪼개고 나누고 부술 뿐, 바뀌는 것은 아무것도 없습니다.

노을을 등지고 / 달을 벗 삼아

우리 곁에 오신
부처님

부처님의 모습은 어떤 모습일까요? 불자들에게 물어보면 대부분 법당에 계신 부처님의 모습을 이야기합니다. 맞습니다. 법당에 계신 부처님은 두말 할 것도 없이 부처님입니다.

불상이 탄생한 곳은 인도의 간다라 지방입니다. 알렉산더왕의 동방 원정에서 그리스의 헬레니즘 문화와 만나면서 점차 불상의 형태가 갖추어졌습니다. 초기의 불상을 보면 그리스의 영향을 받아 서구적인 형태를 띠고 있습니다. 서양인의 눈과 코와 머리 모양을 하고 있습니다. 그러다가 차차 인도인의 모습, 즉 우리가 잘 알고 있는 모습을 하게 되었습니다. 이것이 불상의 역사적 배경입니다.

그러나 여기서 말하고자 하는 것은 불상의 기원이 아닙니다. 우리가 갖고 있는 고정화된 부처님의 모습, 부처님은 이러이러해야 한다는 고정관념에 대해 생각해보고자 합니다. 우리는 오래 전부터 흔히 보아 오던 부처님에 익숙해진 끝에 법당에 모신 부처님만 부처님이라고 생각합니다. 옛 조사스님들은 "처처에 부처가 넘쳐난다"라고 말씀하셨는데, 아무리 찾아봐도 법당에 계신 부처님의 모습과 같은 분을 만나 보지 못했습니다.

그렇다면 옛 조사스님들이 말한 '처처에 부처'는 누구를 말하는 것일까요? "모두가 부처이며 부처 아닌 것이 없다"라는 말은 어떻게 받아들여야 할까요?

부처는 본래 모습이 없습니다. 본래 모습이 있다는 것은 고정됨을 의미합니다. 정형화된 것이지요. 고정화되고 정형화되지 않은 것을 본래 모습이 없다고 하는 것입니다. 부처님은 본래의 모습 없이 중생이 원하는, 우리가 원하는 모습 그대로 나타납니다. 어머니의 모습으로, 아버지의 모습으로, 친구의 모습으로, 길을 잃었을 때 길을 찾아주는 친절한 아저씨로, 불길 속에서 소방관의 모습으로 나타납니다. 때로는 나무로, 바람으로, 가뭄 끝에 대지를 적시는 단비로, 타는 목을 적셔주는 맑은 샘으로 나타납니다.

그러므로 처처에 부처 아닌 것이 없고 부처 찾아 멀리 갈 것도 없습니다. 돌아보면, 손만 대면 가까이 있는 것이 부처이기 때문입니다.

경전에서 "천백억화신千百億化身 석가모니불釋迦牟尼佛"이라는 말은 중생의 요구와 바람이 천백억 종류가 될 만큼 많고 그 요구를 화신으로, 다시 말해 우리가 원하는 그 모습으로 바꾸어 들어주신다는 뜻입

노을을 등지고 / 달을 벗 삼아

니다. '응신應身'도 같은 개념입니다. 중생들의 요구에 응해서 그것에 맞게 화化하신다는 것을 의미합니다.

부처님은 본래 모습이 없습니다. 본래 모습이 없기 때문에 어떠한 모습으로 나타날 수 있습니다. 부처님을 어떠어떠한 형태라고 규정짓는다면 진실로 내 곁에 온 부처님, 내 앞에 있는 부처님을 보지 못하는 어리석음을 범하게 될 것입니다.

내 마음 속에 바라는 것이 있다면, 진실로 원하는 것이 있다면 부처님은 그 모습으로 우리 앞에 오실 겁니다.

영혼을 맑히는
기도문

현대는 다원화된 사회입니다. 상대를 부정하면 이러한 다원화는 갈등과 폭력의 시한폭탄이 됩니다. 그러나 상대를 인정하고 수용한다면 보완과 수정을 통해 훨씬 풍요로운 개방적 사회로 나아갈 수 있습니다. 다양함을 인정하는 상대주의적 태도를 통해서 서로 주체가 될 수 있는 기회를 균등하게 갖게 됩니다. 가장 필요한 것은 조화입니다. 각각의 개성을 부정하지 않으면서 공존의 방법을 배워가는 것입니다.

몇 해 전 여름 포항에서는 아름다운 모임이 있었습니다. 포항시 흥해에 자리 잡은 유서 깊은 산사 천곡사泉谷寺에서 포항 지역의 천주교 신부님들과 스님들이 함께한 자리였습니다. 서로의 종교에 대한 이해와 지역 사회의 문제를 함께 고민하자는 취지로 모이게 된 모임으로, 그동안 종교인들의 개인적 만남은 있었지만 정기적으로 자리를 마련하여 함께하는 것은 처음이라고 들었습니다.

종교는 다툼보다 화해와 용서를 추구합니다. 어떤 종교이든 그 추구하는 목적은 다르지 않습니다. 근본적인 부분에서는 뜻을 같이함에도 불구하고 배려와 양보가 부족한 것은 서로에 대해 잘 모르기 때문이 아닐까 생각합니다. 예수님과 부처님이 한자리에 앉아 토론한다면 반드시 한 가지 진리에 도달할 것이라는 우스갯소리를 들은 적이 있습니다. 그분들이 남긴 가르침은 분명 화해임에도 불구하고 믿고 따르는 후세가 신념의 다름을 이유로 배척하거나 거부하는 것은 그분들의 뜻에 어긋난다는 의미입니다.

각자의 생각이 있습니다. 음식을 먹고 잠을 자고 대화를 하는 사소한 것에도 나름의 방법이 있고 원칙이 있습니다. 자신의 그것에 비추어 상대의 행동이 벗어나면 마음에서 어긋남이 일어납니다. 그리고 익숙한 자기의 습관을 강요합니다. 그러나 그것 또한 자신의 환경과 경험이 만들어낸 본인의 습관이고 생각일 뿐입니다. 누구의 기준이든 절대적일 수 없습니다.

아주 사소한 것도 이와 같은데 하물며 장구한 역사를 통해 형성된 교리와 사유체계를 갖고 있는 종교에 대해 자신의 가치체계를 준거 삼아 옳고 그름을 나누는 것은 조심스러운 일입니다. 종교는 비교와 판단보다는 존중과 이해의 대상이어야 합니다.

'본다'라고 할 때 보는 것은 마음을 통해 보는 것입니다. 즉 신념 체계를 통해 보는 것이지요. 단순히 눈으로만 본다면 생각이 모두 같아야 합니다. 그러나 다양한 각각의 관점이 생겨납니다. 종교에 대한 판단은 절대적일 수 없습니다. 단지 내 신념의 프리즘을 통해 본 하나의 견해일 뿐입니다.

천주교에서는 하나님의 자녀로서 사람의 귀함을 말합니다. 불교에서는 불성佛性, 즉 부처님의 성품을 간직하고 있다는 의미로 생명의 존엄을 말합니다. 이유가 어떻든 귀함과 존중은 하나입니다. 견해가 다른 이들도 이러한 존엄과 귀함에 포함되어야 합니다.

모든 종교는 고유의 진리관을 갖고 있습니다. 그것의 차이가 종교의 구별을 가능케 하는 특성이며, 진리와 그것에 도달하는 방법을 놓고 종파 간의 의견이 대립하고 갈등하기도 합니다.

그러나 어떤 것이든 한 공동체 안에서 편을 나누는 이유가 되어서는 안 됩니다. 나눔의 기준이 되어서도 안 됩니다. 상대를 미워하고 거부하는 이유가 종교의 다름이어서는 더욱 안 됩니다.

기원전 3세기에 재위한 인도 마우리야 왕조의 제3대 왕 아소카왕은 불교에서 가장 이상적인 왕으로 그려지는 전륜성왕의 칭호를 받는 왕입니다. 그는 수많은 이들을 희생시키며 전쟁을 통해 자신의 왕국을 넓혔습니다. 한 번에 무려 10만 명을 죽인 적도 있었습니다. 지도에서 지명을 없애고 생명 있는 모든 것을 죽이라 명령한 적도 있습니다. 그의 이름만 들어도 모두 극한의 공포에 떨었습니다. 그는 후에 불교에 귀의하면서 살생과 정복의 삶을 버리게 됩니다. 자신이 저지른 악업을 지극하고도 절절하게 참회하면서 평화와 겸손으로써 나라를 다

스리게 됩니다.

그는 자신의 종교를 내세우지 않았습니다. 타인의 종교를 비방하고 폄훼하는 악행을 금지했으며, 종교 차별의 폐해를 지적하고 모든 종교인을 존경한다는 칙령을 발표했습니다. 그리고 왕 스스로 이 원칙을 철저히 지켰습니다. 그의 위대함은 자신이 믿는 종교의 가르침을 바탕으로 상대를 존중한 자세에 있습니다. 아소카왕의 칙령 중 제12 석주에 새긴 비문은 그의 종교관을 잘 보여주고 있습니다.

"다른 종교를 매도함으로써 자기 종교를 자랑하려는 자는 분명 자기 종교에 대한 뜨거운 신앙심이 있어 그 명성을 넓히려는 것이겠지만, 실은 그렇게 함으로써 자기 종교를 더욱 깎아내리는 짓인 줄 모르고 있다."

산사에서 신부님들과 함께한 저녁은 참으로 화기애애하고 유쾌했습니다. 서로를 존중하는 아름다운 자리였지요. 종교 지도자들의 이러한 모습은 신도들에게 좋은 본보기가 되고 모범이 될 것입니다.

성 프란체스코의 기도문은 언제 읽어도 영혼을 맑게 합니다.

미움이 있는 곳에 사랑을

다툼이 있는 곳에 용서를

분열이 있는 곳에 일치를

어두움에 빛을

슬픔이 있는 곳에

기쁨을 가져오는 자 되게 하소서

위로받기보다는 위로하고

이해받기보다는 이해하며

사랑받기보다는 사랑하게 하여 주소서

노을을 등지고 / 달을 벗 삼아

발원發願은 자신으로부터
발원發源한다

우리는 일반적으로 사는 것에 대해서만 생각합니다. 잘 사는 것, 건강하게 사는 것, 행복하게 사는 것 등 모두가 삶에 관한 이야기입니다. 삶에 대해 생각한다는 것 자체가 우리가 살아 있다는 것을 뜻하기 때문입니다.

그러나 바꾸어 생각해보면 살아 있기 때문에 삶과 맞닿아 있는 '죽음'에 관해서도 생각해볼 수 있습니다. 우리는 '잘 사는 삶'에 대해서만 생각해왔지, '잘 맞이하는 죽음'에 관해 진지하게 생각해본 적은 거의 없는 것 같습니다.

여든을 넘긴 한 보살님의 말씀이 생각납니다.

"저는 하루하루 늙고 죽음이 가까워오는 것이 하나도 두렵지 않습니다. 오히려 기쁩니다. 이제 새로운 삶의 기회가 제게 주어질 것이기 때문입니다."

죽음을 두려움 없이 맞이한다는 것은 쉬운 일이 아닙니다. 그런데 그 보살님은 밝은 표정으로 아무렇지 않게 죽음에 대해 말했습니다. 무슨 일이 있기에, 어떤 생각으로 살아왔기에 죽음에 대해 저리도 자신 있게 말할 수 있을까 싶어 여쭈어보니 보살님은 웃으며 이렇게 말씀하셨습니다.

"저는 부처님을 믿고 의지하게 된 이후로 오직 한 가지만을 발원하면서 살아왔습니다. 남편과 자식들에게는 미안한 일이지만 어떻게 보면 저 자신을 위해 기도하면서 평생을 살아왔다고 해도 과언이 아닐 것입니다. 열 개 중에 세 개는 남편과 자식을 위한 기도였다면 나머지 일곱은 저를 위한 기도였습니다. 훌륭한 아내, 좋은 엄마는 못 되겠지요. 저는 부자가 되게 해달라고 건강하게 해달라고 한 적은 한 번도 없이, 오직 한 가지만을 기도 발원하면서 살아왔습니다."

그 기도의 내용이 몹시 궁금해졌습니다. 보살님이 평생 발원해온 그 기도의 내용이 무엇인지, 어떤 절절한 사연이 있기에 오직 한 가지만을 위해서 발원해왔나 싶어 물었습니다.

"다음 생에는 남자로 태어나 꼭 스님이 되게 해달라고 발원했습니다. 남자와 여자 사이의 차별이 아니라, 여자이기에 포기하고 돌아서야 했고 기회조차 주어지지 않았던 삶에서 이제는 스스로 선택하는 삶을 살고 싶습니다."

지금은 그런 일이 없지만 보살님의 연세에는 여자이기 때문에 불이익을 받을 수밖에 없었던 시대를 살았던 것이지요.

"중생을 제도하고 성불의 큰 서원을 세우는 스님으로 태어나게 해달라고 발원했습니다. 그래서 저는 죽음이 조금도 두렵지 않습니다. 새로운 삶이 기다리고 있다고 확신하기 때문입니다."

죽음이 두려운 것은 그 이후에 대한 불확실성 때문입니다. 죽음을 맞이하는 태도에는 각자의 생각과 사고의 차이가 있겠지만, 불자라면 반드시 잊지 말아야 할 가장 중요한 것이 있습니다. 그것이 바로 발원입니다. 발원이야말로 불자를 가장 불자답게 하는 숭고한 다짐입니다.

발원이 없다면 중생의 구제도, 성불의 의지도 그냥 생각일 뿐입니다. 발원은 실천력을 제공하고 에너지원이 되어 고난과 어려움을 헤쳐 나갈 수 있는 동력이 됩니다. 발원의 삶을 살았다면 죽음이 두려울 이유는 없습니다.

일반적으로 보살님들의 축원 내용을 보면 자신보다는 남편이나 자식들에 대한 발원이 대부분입니다. 자신을 위해 발원하고 기도하는 것을 미안해 하는 사람들도 있습니다. 가족보다 자신을 앞세운다는 생각이 죄스럽게 느껴지나 봅니다.

다음 생에 스님이 되고 싶다던 어느 보살님의 발원이 성취된다면, 스님으로 많은 이들을 제도할 때 전생에 깊은 인연을 맺었던 가족도 반드시 포함될 것입니다. 누구를 위한 발원이든 지극하면 중생을 이롭게 하는 커다란 바다에서 다시 만나게 될 것입니다. 발원發願은 바로 자신으로부터 발원發源되기 때문입니다.

제6장

삶과 수행의 여정

삶과 수행의 여정

동국대학교 불교학술원에서 2015년 진행한 『현대 한국사 발전의 내면적 동력을 찾아서』에서 성타 스님의 구술 자료를 정리하였습니다.

출생과 성장 과정

1941년 울산시 학성동 294번지에서 태어났습니다. 당시 울산 인구는 5만 명에 불과했습니다. 학성공원을 비롯해서 자연환경이 좋았고, 도심으로 태화강이 흘렀습니다. 어릴 때 여름에는 태화강에서 목욕을 하면서 즐겁게 지냈습니다.

할아버지, 할머니는 내가 어렸을 때 돌아가셔서 별 기억이 없습니다. 외할아버지, 외할머니에 대한 기억은 조금 있습니다만, 외할머니는 상당히 자상하셨고 외할아버지는 비교적 엄격한 편이었다는 정도입니다. 어릴 때 기억을 더듬어 보면 외갓집에 갔을 때 외삼촌, 외숙모, 사촌 등이 기억나지만 구체적이지는 않습니다. 아버지, 어머니도 일찍 돌아가셨기 때문에 기억이나 깊은 정 같은 것은 없었습니다. 오히려 외할머니께서 많이 사랑해주셨습니다.

위로 형이 두 분, 누님이 한 분 있었습니다. 형님들은 경기도 연천에서 제대 후 그쪽에서 사람을 만나 결혼하고 거기서 살았습니다. 어릴 때 절에 들어온 뒤로 큰 왕래는 없었습니다.

나는 초등학교 같은 현대 교육을 받은 적이 없습니다. 열 살 전후로 육이오전쟁이 일어났습니다. 울산 학성동 앞에 철길이 있었습니다. 경주로 해서 포항을 거쳐 가는 중앙선인데, 주로 자동차라든지 탱크 등 군사 물자들을 싣고 가는 걸 봤습니다. 기차가 연착되거나 마을 앞에 서기도 합니다. 그러면 철없는 사람들이 기차에 올라 모래에 있는 예쁜 쇠로 된 통을 가지고 와서 열어보니 수류탄이었던 겁니다. 군인 아저씨들과 함께 고기를 잡는 데 쓰기도 했다고 합니다. 그렇게 가까이서 무기를 갖고 놀다가 희생된 예가 적지 않았습니다. 나도 당할 뻔 했습니다. 아찔했습니다.

아홉 살 때 절에 들어가서 살다보니 아이들이 가방 메고 학교 다니는 것에 큰 영향을 받지 않았습니다. 처음 절에 들어간 것은 외할머니께서 절을 좋아해서 따라다니다가 '절에 있는 것이 좋지 않겠느냐?' 해서 들어가 살았습니다. 지금 같으면 절에 살면서도 학교에 다닐 수

노을을 등지고 / 달을 벗 삼아

있었습니다만, 당시 학성선원의 스님이나 보살님이 현대 교육에 대해 별 관심이 없던 분들이었습니다. 그래서 저를 학교에 안 보냈습니다.

학성선원과 사미계 수계

집 근처의 학성선원에 자의 반, 의탁 반으로 들어가 살았습니다. 자신의 의지가 없으면 절에 들어갔던 사람도 다 나오게 됩니다. 하지만 나는 절 생활이 좋았습니다. 절에 계신 스님도 수행자 스님으로 좋은 분이었고, 보살님도 아주 올곧게 지낸 분이었습니다.

그분들은 학교 교육에 대한 관심은 없어도 인생을 사는 바른 삶에 대해서 가르침을 주셨기 때문에 많은 영향을 받았습니다. 특히 거짓말을 해서는 안 된다, 속여서는 안 된다 하는 것이 기억에 남습니다. 어릴 때나 지금이나 그 영향 때문인지 남을 속인다든지 남의 물건을 훔친 기억이 전혀 없습니다.

어릴 때 절에 들어갔지만 동네 친구들과 강에서 목욕도 같이 하면서 자주 놀았습니다. 어릴 때 성격은 개구쟁이도 아니고, 그렇다고 아주 얌전한 아이도 아니었습니다. 중간 정도였다고 생각합니다. 예를 들어, 놀다가 가시밭에서 넘어져 무릎에 큰 상처가 난 적이 있습니다. 무릎에 큰 상처가 난 것을 보고 어른들이 놀랐습니다. 하지만 어려서 그런지 약도 안 발랐는데 다음날 나았습니다. 이런 걸 보면 얌전한 아이는 아니었다고 생각합니다.

당시 학성선원은 정화 이전에도 수좌스님들이 정진하던 절입니다. 향곡 스님, 자운 스님, 월하 스님 등이 와 계시기도 했습니다. 주로 계신 분은 호월 스님이었습니다. 우리나라의 대표적인 율사였습니다. 향곡 스님이 잘 아는 분이고, 경봉 스님이 극락암에 선원을 열었을 때, 첫 입승立繩을 하셨습니다.

학성선원에 호월 스님이 계셨기에 향곡 스님도 오시고, 자운 스님도 오시고 했습니다. 그보다 더 중요한 분은 보문 스님이라고 한암 스님의 수제자였습니다. 한암 스님의 제자 가운데 탄허 스님도 계시지만 더 수제자가 보문 스님이라고 합니다. 그분이 오셔서 하룻밤 쉬면서 호월 스님과 이야기하고 가셨는데, 내가 어릴 때 봐도 존경심이 생겼습니다. 호월 스님께서도 보문 스님에 대해 "진짜 수행하는 스님이다"라고 하셨습니다. 그러고 보니 오대산에서도 보문 스님에 대해 아는 분이 많지 않습니다.

호월 스님은 육십 막 넘어서 돌아가셨습니다. 그때 나는 열세 살쯤이었습니다. 향곡 스님이 오셔서 "우리나라 수좌계에 큰 기둥이 무너졌다"라는 말씀을 하셨습니다. 내가 모시고 있던 스님이 얼마나 훌륭한 스님이었는가. 그런 분의 영향을 받은 것이 참 다행이라고 생각합니다. 내가 오늘날까지 절집에서 별 탈 없이 지낸 것은 어릴 때 그런 스님의 영향이 아닌가 생각합니다.

호월 스님이 불교정화가 막 시작하는 무렵에 돌아가셨기 때문에 그

출가 초기 월서 스님(맨 왼쪽) 등과 함께한 모습

분을 아는 사람이 많지 않습니다. 호월 스님은 엄격했습니다. 내가 선 장禪匠에서 보니까 호월 스님이 얼마나 훌륭한 스님인지 알 수 있었습니다. 교리에도 밝았습니다. 여름 한 철을 80권 『화엄경』을 죽 읽으면서 지냈습니다. 그런 걸 보면 경학經學에도 상당히 밝으셨다는 것을 알 수 있습니다. 그분이 일찍 돌아가셨기 때문에 제자가 되지는 못했습니다. 그때는 행자로 있을 때입니다.

후에 금오 스님의 제자 가운데 월도 스님이 계십니다. 금오 스님 제자가 20여 명이 있는데 월산 스님이 만상좌이고, 그 다음이 월도 스님입니다. 그분이 와서 계셨습니다. 월도 스님께서 "내 상좌 하면 좋겠다. 지금 노스님이 서울에서 정화불사를 하고 계신데 거기 가서 시봉을 하고 있으라" 해서 서울로 올라가 금오 노스님을 시봉했습니다. 그때가 열네 살이었습니다. 그때 조계사 금오 스님 방에 효봉 스님이 같이 계셨습니다. 옆방에는 동산 스님이 계셨습니다. 그때 효봉 스님은 전국 신도회 박완일 회장이 수좌로 시봉을 했습니다. 청담 스님은 왔다갔다 하셨습니다.

정화불사가 어느 정도 마무리되고 금오 스님은 봉은사를 맡아 가셨습니다. 주지는 수원 팔달사에 계셨던 범행 스님이 하셨습니다. 그곳 봉은사에서 음력 칠월 보름에 월도 스님을 은사로 금오 스님을 계사로 사미계沙彌戒를 받았습니다.

노을을 등지고 / 달을 벗 삼아

공부를 위해 강원을 옮겨 다니다

월산 스님이 금오 노스님을 모시고 법주사 주지를 맡아 가셨습니다. 나도 법주사에 있게 되었습니다. 주지 월산 스님은 월도 스님과 사형사제師兄師弟이기 때문에 내게는 사숙입니다. 그런데 월산 스님은 상좌가 있는데도 불구하고 내가 시봉을 했습니다. 나는 그러면서 학문에 눈을 떴습니다.

학성선원에 있을 때 호월 스님에게 한글을 배우고 천자문도 배웠습니다. 법주사에 있으면서 한문 공부를 해야 되겠다 싶어 공부를 시작했습니다. 『초발심자경문』을 비롯해서 『치문』 등을 공부했습니다. 하지만 법주사는 강원 체제가 없었습니다. 그런데 통도사는 운허 스님이 강사로 계시면서 학인들이 운집해 있었습니다. 그래서 주지 월산 스님에게 "이제 강원에 가서 공부를 하겠습니다" 하니 "여기서 공부하지 뭐 하러 가려고 하느냐!"면서 못 가게 했습니다.

법주사에서 공부하는 데는 한계가 있었습니다. 당시 갈천 스님, 대원 스님 등이 있었고 『사집』 정도는 가르칠 수 있었지만 『대교』까지는 가르칠 만한 능력이 없어 보였습니다. 그래서 운허 스님이 계신 통도사 강원으로 갔습니다. 당시에는 강원이 통도사뿐이었습니다. 해인사도 강원이 만들어지기 전입니다. 처음에는 제방에서 공부하러 온 사람이 하도 많으니 한계가 있어 받아주질 않았습니다. 그래서 경봉 스님이 계신 통도사 극락암에서 있었습니다. 극락암에 있다가 기회가

한가한 시간 책을 보는 모습, 1980년

날 때 들어가려고 했습니다. 극락암에 그냥 있을 수 없어 내가 공양주를 했습니다. 당시는 공양주를 모두 스님들이 했습니다. 내가 공양주를 하고 지금 통도사 방장 원명圓明 스님이 채공을 했습니다. 그렇게 공양주를 1년간 했습니다.

통도사는 월하 스님이 주지이고, 경봉 스님의 상좌 벽암 스님이 총무였습니다. 상좌가 총무라 한마디 해주시면 될 건데 안 하셨습니다. 아무리 상좌라 하더라도 말씀하기 어려운 듯했습니다. 그렇게 1년을 지냈는데 학인이 너무 많아 들어갈 수도 없고, 그렇다고 마냥 공양주만 할 수도 없었습니다. 그래서 경봉 스님 밑에서 공부를 했습니다. 아침에 예불 드리고 『능엄경』『금강경』을 배웠습니다.

그러던 중에 은사 월도 스님한테서 편지가 왔습니다. "나는 절 집안 인연이 다 되어 환속을 하게 되었다. 그러니까 너는 스님 노릇 잘 하길 바란다" 하는 내용이었습니다. 그때 내가 열일곱 살 즈음이었습니다. 월도 스님에게 상좌는 나와 사형 성일 스님이 있었습니다. 성일 스님은 범어사 원주로 있었습니다. 내가 성일 스님에게 "은사스님한테서 이런 편지가 왔는데 어떡하면 좋겠나?" 하고 편지를 했습니다. 성일 스님은 "은사는 문중에 사숙스님으로 정하면 되니, 조금 더 기다려보자"라고 답이 왔습니다. 나중에 알아보니 성일 스님은 향곡 스님 제자가 되었습니다. 나는 월산 스님께 편지를 해서 은사스님이 이러이러하다고 연락이 왔는데 어떻게 하면 좋을지 여쭈었더니 "그러면 너는 내 상좌해라" 하는 답이 왔습니다. 나는 좋다고 회답을 했습니다.

다음 날 경봉 스님한테 공부하러 가서 그동안의 이야기를 전했습니다. 처음에는 아무 말씀이 없어서 무심한가 했습니다. 그런데 경봉 스님의 상좌인 벽암 스님을 말하면서 "벽암 스님 상좌가 되어라" 했습니다. 그래서 "법주사 월산 스님 상좌가 되겠다고 편지를 어제 했습니다. 그런데 어떻게 그럴 수 있겠습니까?" 하니 "그러면 그렇게 하라"고 했습니다.

사형으로 있던 성일 스님은 범어사 원주를 하다가 향곡 스님 제자가 되어서는 향곡 스님이 동화사 주지를 할 때 총무를 했습니다. 그후 무안 약사사 주지를 하다가 얼마 전에 돌아가셨습니다.

월산 스님을 은사로 하고, 통도사 극락암에서 공양주를 하면서 공부하고 있을 때 성일 스님한테서 연락이 왔습니다. "거기서 계속 공양주를 하는 건 의미가 없다. 통도사 강원에 못 갈 바에는 범어사 강원에 가서 공부하면 어떠냐?"라는 내용이었습니다. 범어사에도 강원이 있기는 했습니다. 학문이 깊은 성호 스님이 강사로 계셨습니다. 그래서 범어사로 가기로 했습니다.

경봉 스님께 이러이러해서 범어사로 가겠다고 인사를 하러 가니, 봉투를 주셨습니다. 봉투에는 1백만 환이 들어 있었습니다. 아마 요새 돈으로 1백만 원 가치는 될 겁니다. "그동안 수고했으니 가져가서 용돈으로 써라" 하시는데 그 순간 '내가 이걸 받으면 월급쟁이 공양주밖에 아니지 않는가. 내가 공양주를 순수하게 했지 보수를 받기 위해 한 것이 아니지 않는가' 하는 생각이 났습니다. 그래서 70만 환을 돌려드리

노을을 등지고/달을 벗 삼아

고 나머지는 여비로 썼습니다. 그때가 열일곱 살이었습니다.

범어사로 가서 1년 정도 있었습니다. 범어사에는 동산東山 스님이 계셨습니다. 동산 스님은 대중생활에 충실하셨습니다. 예불을 빠지는 법이 없었습니다. 예불 때마다 일찍 나오셔서 각 당堂에 삼배를 하고 마지막에 대웅전에 들어가셔서 대중들과 함께 예불을 드렸습니다. 예불 드리고 아침에 청소를 대중 울력으로 했습니다. 목탁을 치면 동산 스님이 먼저 빗자루 들고 나오시니 대중들이 안 할 수가 없었습니다. 동산 스님은 대중들이 예불을 안 한다든지 질서를 어길 때는 굉장히 호통을 쳤습니다. 동산 스님의 사형이 학승學僧으로 청강을 왔는데 잘못을 하면 불러서 죽비로 치면서 호령하는 걸 봤습니다. 엄격한 리더십을 볼 수 있었습니다. 대중을 압도하는 권위가 있었습니다. 또 조계종 포교원장을 지낸 무진장 스님이 행자로 있다가 계 받는 것을 봤습니다.

근대 큰스님들과의 인연과 통도사 강원

큰스님들과 인연이 있었던 것은 학성선원에서 수좌들의 왕래가 있었기 때문입니다. 극락암에서 경봉 스님을 뵙고 가르침을 받았고, 범어사에서 동산 스님, 정화 때는 금오 스님과 같은 방을 쓴 효봉 스님을 뵙는 등 근대 큰스님들을 가까이서 모셨습니다.

불국사 안양문 앞에서 월탄·혜승·밀운·원명·성타 스님, 2013년

종단 원로 혜승·밀운 스님과 함께 담소는 나누고 있는 모습, 2013년

어릴 때는 강원의 전문 교과 과정을 충실히 했고, 성장해서는 교양 서적을 많이 봤습니다. 불교 교리에 대한 내용은 일본이 발달했다는 이야기를 듣고 일본어도 독학으로 배워 일본 서적도 많이 읽었습니다. 요즘은 번역서도 많이 나오지만 그 당시만 해도 좋은 책들이 많지 않았습니다.

불교학자나 학승 가운데 운허 스님이 가장 학문도 깊고, 무엇보다 인격적으로 훌륭했습니다. 운허 스님과 인연은 통도사 강원에서 공부하면서 시작되었습니다. 앞서 말씀드렸듯이 통도사 강원에 갔지만 인원이 많아 들어가지 못하고 극락암에서 공양주로 1년 살고 범어사에서 지내고 있었습니다. 그런데 통도사에서 나 때문에 대중공사를 했다고 합니다. '통도사 강원에 들어오기 위해 극락암에서 공양주를 1년이나 한 사람은 받지 않고 다른 사람을 먼저 받는 것이 말이 되느냐. 그 사람부터 받아야 된다'라는 내용이었습니다.

그래서 통도사에 가려고 마음을 먹었습니다. 왜냐하면 강원은 역시 통도사가 좋았고, 학인들도 좋았지만 특히나 운허 스님이 계시기 때문이었습니다. 그렇게 통도사 강원에서 3년간 공부했습니다. 거기서 『원각경』『화엄경』 등을 공부하며 1961년에 졸업했습니다.

돌아보면 통도사 극락암의 경봉 스님 말씀으로 범어사에 가게 되었고, 범어사 동산 스님 문중에서 공부한 것도 좋았습니다. 그렇게 다시 통도사 강원에서 공부하게 된 것 등 모두 의미 있는 인생이었습니다.

통도사에 처음 가면 공양주도 하고 채공도 더러 했습니다만 나는

노을을 등지고 /달을 벗 삼아

바로 강원에 들어갔습니다. 운허 스님께서 아주 자비롭게 학인들을 지도하시며 시험도 더러 치기도 했습니다. 같은 반에서 60점 이하는 공양주, 채공을 해야 된다는 제도가 있었습니다. 운허 스님께서 학인을 지도하는 방편으로 그렇게 한 의미가 있다고 생각합니다.

그 후에 운허 스님은 수원 용주사에 역경연수원을 만들었습니다. 나도 연수원에서 1년간 있었습니다. 연수원에는 운허 스님을 비롯해 탄허 스님과 외부에서 오신 교수님들도 있었습니다. 운허 스님 옆에서 시자가 어디 가고 없을 때 내가 시봉을 하기도 했습니다. 일반 학교를 다니지 않아 어려울 수도 있지만, 한문이라는 전문적 분야, 그것도 불교라는 데 국한되다 보니 어느 정도 수준이 되면 한문이 한글보다 보기 더 쉬워집니다. 불교도 어느 정도 기초를 닦으면 다 이해가 되기 때문에 그렇게 어렵지 않았습니다.

강원 시절에 여러 가지를 경험했습니다. 1년에 한두 번 강원에서 수학여행을 갔습니다. 기억에 남는 것은 학인들과 경주에 가서 유적지를 둘러보았습니다. 당시 내가 입승을 하며 학인들을 통솔해서 다니다 병까지 났던 것이 기억납니다.

방학을 하면 여기저기 여행을 다녔습니다. 울산, 포항을 거쳐 설악산, 오대산 등으로 다녀온 일이 있습니다. 당시에는 교통수단이 버스밖에 없었습니다. 포항에서는 오어사, 보경사를 참배하고 울진으로 가서는 불영사에 갔습니다. 먼저 불영사 포교당 동림사에서 점심 먹고 불영사에 2시에 가기로 했는데 밤 10시에 도착했습니다. 평일에는 차가 없다 보니 70리를 걸어서 갔습니다. 당시 울진 불영사에서는 수좌 스님들이 선방을 개설하고, 지월 스님이 입승을 하고 있었습니다. 지월 스님은 근대 대표적 수좌로 수좌스님들에게 존경을 받던 분입니다. 밤 10시에 도착했는데 아주 반갑게 맞이해 주셨던 것이 기억납니다.

그 당시 강원은 질서가 확립이 되어 있지 않았습니다. 그리고 공부 하다가 싫증나면 그만두거나 몸이 아파서 그만두는 경우도 많았습니다. 3년 동안 공부하면서 통도사 강원을 마쳤는데 끝까지 공부하고 마친 사람은 동국대학교 교수를 했던 철인 스님과 나뿐이었습니다. 통도 사 강원을 졸업한 사람 가운데 나보다 선배가 없습니다.

나는 일반 상식을 비롯해 정치·사회·경제·문화 등 다양한 분야에 관심이 많았습니다. 그래서 강연회라든지 세미나에 참석해 듣기도 하고, 라디오와 텔레비전을 통해서 강연을 듣기도 했습니다. 물론, 책이나 신문을 보면서 부족한 부분을 보완하면서 살았습니다. 그게 보이지 않는 스펙이 되었다고 봅니다.

선원과 강원이 대립한다거나 하는 일은 전혀 없었습니다. 왜냐하면 선방 수좌스님들은 강원 학인스님들보다 한 단계 높은 입장이다 보니 학인들이 존경하고 따릅니다. 그리고 선방스님들은 학인들을 사랑으로 대해줍니다. 다투거나 대립하는 일은 있을 수 없습니다. 대개 사교입선捨教入禪이라는 것은 강원에서 대교大教 과정을 마친 후 거기에 집착하지 말고 한 걸음 더 나아가서 정진해야 한다는 의미입니다. 교教 자체를 무시하는 것은 아닙니다.

노을을 등지고 / 달을 벗 삼아

내가 비교적 일찍 1961년 스무 살에 대교과를 졸업했습니다. 사회에서 정식으로 학교 교육을 받은 것은 아니지만 강원 교육을 받으면서 상당히 보완이 되었다고 생각합니다. 운허 스님은 동양적 학문뿐만 아니라 신구 학문을 두루 갖춘 분이었습니다. 운허 스님이 강사로 계실 때 일반 대학 교수님들이나 학자들이 많이 찾아오셨습니다. 그때 그분들에게 학인을 위해 특강을 요청하기도 했습니다.

용맹정진에 얽힌 일화와 향곡·진제 스님과의 인연

통도사 강원을 졸업하고 은사 월산 스님이 동화사 주지로 있어 거기로 갔습니다. 그리고 동화사 선방 금당선원에서 지냈습니다. 학인 생활을 마치고 선방에 처음 들어간 것입니다. 금당선원에서 동안거 결제를 하면서 재미있는 일화가 있습니다. 동안거 결제가 10월 보름인데 그 전에 좌선이 몸에 익어야 한다며 거기 있는 스님들과 미리 일주일간 용맹정진을 했습니다. 일주일간 자지 않고 밥 먹는 시간 외에는 좌선을 했습니다. 일주일간 용맹정진을 해보니 쉬운 일이 아니었습니다.

재미있는 것은 동안거 결제를 하면서 '정진을 어떻게 할 것인가' 하고 대중공사를 했는데, 대부분 스님네가 한결같이 용맹정진하자는 것입니다. 용맹정진을 해보니 일주일도 간단하지 않는데, 90일간 하자는 것입니다. 그래서 내가 '일주일간 용맹정진 해보니 90일간 용맹정진하

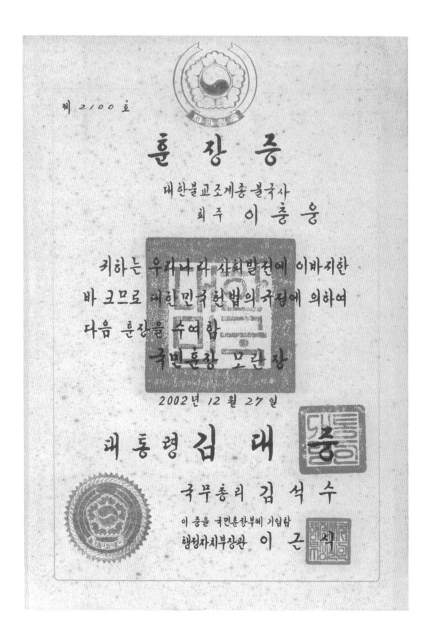

제 2100 호

훈 장 증

대한불교조계종 불국사
회주 이 충 웅

치하는 우리나라 사회발전에 이바지한
바 그므로 대한민국 헌법의 규정에 의하여
다음 훈장을 수여함
국민훈장 모란장

2002년 12월 27일

대통령 김 대 중

국무총리 김 석 수

이 증을 국민훈장부에 기입함
행정자치부장관 이 근 식

2002년 김대중 대통령으로부터 국민훈장 모란장을 수훈하는 모습

는 것은 무리이다'라고 반대를 했습니다. 거기 선방 스님들은 전부 선배들이었습니다. 이제 강원을 갓 졸업하고 온 신참이 신심이 없어 그렇다고 했습니다. 할 수 없이 동의를 하고 90일 동안 용맹정진하기로 했습니다.

그런데 보름이 지나니 어떤 현상이 생기느냐 하면, 모두 졸면서 자기는 자지 않는다고 생각합니다. 그래서 순번을 정해서 한 사람이 한 시간씩 다니면서 조는 사람을 깨워서 경책을 합니다. 그런데 경책하는 사람이 보면 자는 것이 분명한데 잠을 안 자고 신경이 예민해지니 자기는 안 졸았다고 생각합니다. 그러다 보니 고의로 그런다며 시비가 생깁니다. 보름 동안 하니까 생리적으로도 무리입니다. 눈동자가 정상이 아닙니다. 밥을 먹는데 아무리 좋은 음식도 맛을 못 느끼고 모래알 같습니다. 신경이 예민해져 자꾸 시비가 생기니 보름 만에 다시 대중공사를 했습니다.

'이렇게 용맹정진을 계속할 것인가?' 하니까 그때는 모두 '하지 말자'라고 했습니다. 일주일 이상은 무리라고 생각합니다. 하지만 보름 동안 용맹정진을 했으니 그것도 성과입니다. 그 후에는 '가행정진加行精進을 하자'라고 했습니다. 가행정진은 밤 10시에 자고 새벽 2시에 일어납니다. 4시간을 자고 정진을 하니 수월했습니다. 가행정진도 어려운 것인데, 보름 동안 용맹정진한 것이 효과가 있었습니다.

금당선원에서 동안거 해제를 하고 향곡香谷(1912-1978) 스님 회상인 묘관음사로 갔습니다. 거기에서 하안거 정진을 했습니다. 그때 지금의

노을을 등지고/달을 벗 삼아

종정스님인 진제 스님이 거기 계셨습니다. 진제 스님은 향곡 스님의 법제자였습니다. 향곡 스님이 주지로 있으면서 살림은 주로 진제 스님에게 위임했습니다. 신도들이 사십구재 불공을 많이 하는데 진제 스님이 법주를 하고, 내가 바라지를 하면서 두 사람이 진행했습니다. 대개 절에는 부전스님이나 노전스님이 있는데 묘관음사에는 없어서 진제 스님과 내가 재불공을 모셨습니다.

묘관음사에서 십 리 거리 좌천이라는 곳에 논이 있습니다. 그해 여름이 가물어서 논에 물 대러 자주 갔습니다. 물이 위에서 내려오면 위에 있는 논에 먼저 물을 대기 때문에 밑에 있는 사람은 '우리부터 좀 대고 그 뒤에 대라' 하면서 싸움을 하지 않을 수 없습니다. 진제 스님과 나는 '아이고, 이거 할 짓이 아니다. 물 때문에 하루 종일 일반인들하고 다투는 것은 맞지 않다' 하면서 폐농을 했으면 했지 이제 물 대러 가지 말자고 하기도 했습니다.

군 입대와 탈영 및 불국사로 승적 옮긴 이후 사건들

고향이 울산이기 때문에 울산에 있는 또래들과 같이 입대를 했습니다. 논산훈련소에 입소하니 병과를 구분하기 위해 시험을 칩니다. 학업란에 아무 글이 없으니 시험관이 왜 출신 학교 이름을 쓰지 않았냐고 했습니다. 학교를 다니지 않았다고 하니 '학교를 다니지 않았는데 이렇게 점수가 잘 나올 수 있냐?'라고 합니다. 거짓말한다면서 막 때렸습니다. 그래서 엉뚱하게 근처에 있던 복산초등학교를 나왔다고 거짓말을 했습니다.

논산훈련소 6개월 교육을 마치고 영천에 있는 부관학교를 갔습니다. 지금의 삼사관학교가 있는 곳입니다. 거기에서 8주 교육을 마쳤습니다. 거기서 20등 안에 들어서 진주에 있는 육군항공학교를 가게 되었습니다. 신병이니까 기합은 별로 없어도 심리적 압박이 굉장히 있었습니다. 그래서 외박을 나와서 하룻밤 자고 들어가지 않았습니다. 군대를 탈영한 것이 되었습니다. 그렇게 이삼 년 이 절 저 절 다녔습니다. 누가 왔다 하면 나를 잡으러 온 것 같아 불안했습니다. 결국 경주 불국사에 있으면서 자수를 했습니다. 군대 구치소에서 보름 동안 있으면서 재판을 받았습니다. 그런데 외박을 나와서 크게 사고 친 것도 아니고 절에 오래 있어서 군 생활이 맞지 않아 그랬다 하니 선고유예 결정이 내려집니다. 이후 스님 출신이라 부대 법당에서 근무하다 정상적으로 제대를 했습니다.

은사 월산 스님이 불국사에 계셨기 때문에 승적을 모두 법주사에서 불국사로 옮겼습니다. 제자들 가운데 계속 법주사에 승적을 두신 분도 있습니다. 불국사는 정화 이후 첫 번째 주지는 향곡 스님이었습니다. 그리고 석굴암 주지는 지월 스님이 하셨습니다. 지월 스님께서 경내에 있는 벚나무를 잘라서 구속까지 되었습니다. 향곡 스님이 불국사 주지이다 보니 석굴암까지 맡기도 했습니다.

그 후 벽암 스님이 주지를 했습니다. 1966년도에 석가탑 도굴 사건이 있었습니다. 이때 석가탑 중심부가 약간 금이 가면서 수리하게 되었습니다. 그 과정에 이층 탑신에서 사리와 사리장신구가 나왔습니다. 사리 48과가 담긴 사리병을 극락전에 모셨다가 벽암 스님이 참배하고 돌아서면서 장삼 자락에 걸려 떨어져 사리병이 깨졌습니다. 사리가 마루 밑으로 들어가 두 과는 못 찾았습니다. 그래서 46과로 수습되었습니다. 사리 장신구는 그대로 두고 모조품을 만들어 박물관에 모셨습니다.

사리병을 깬 것이 문제가 아니라 종교인으로서 사리병을 깼으면 솔직하게 인정하고 책임을 지겠다 하면 서로가 떳떳하고 좋을 텐데, 사리병 깨진 것을 밝히지 않고 모조품 사리병을 자꾸 만들다 보니 비밀이 누설되었습니다. 그래서 주지직을 내려놓는 일이 있었습니다.

사리 및 사리장신구는 일괄 국보 126호로 지정되어 국립중앙박물관에 있다가 내가 불국사 주지할 때 그것을 성보박물관으로 이관했습니다.

법주사 강사 시절과 금오 스님에 대해 회상

벽암 스님 이후 선학원 원장이었던 범행 스님이 불국사 주지를 맡았습니다. 범행 스님은 사숙입니다. 범행 스님이 주지를 할 때 나는 법주사

석가탑 해체 보수불사 마무리하며 열린 법회에서 발원문을 낭독하고 있는 모습

석가탑 사리함을 다시 모시는 법회에 참석한 모습

에서 강사를 1970년부터 1972년까지 3년간 했습니다. 내가 강원에서 학인으로 있을 때 '강사는 단순히 글이나 가르쳐 주는 것이 아니라 생활에서 학인들에게 모범이 되어야 한다'는 생각을 했습니다. 그래서 내가 법주사에서 강사로 있을 때 아침 예불, 발우공양, 울력 등 빠지지 않고 앞장서서 했습니다.

그 뒤 범행 스님의 요청으로 불국사 교무를 맡았습니다. 그때 불국사 복원 공사를 하면서 무설전無說殿, 관음전觀音殿, 비로전毘盧殿, 회랑回廊 등을 새롭게 했습니다.

은사이신 월산 스님도 계셨지만, 노스님인 금오 스님께서 불교 정화운동을 많이 주도하셨습니다. 금오 스님의 제안으로 시가행진이나 승려대회 등을 여러 번 했습니다. 당시 금오 스님을 비롯해 효봉 스님, 동산 스님 등이 중심이 되고, 청담 스님이 뒷받침하셨습니다.

금오 스님은 손상좌이기 때문인지 나를 예뻐하였습니다. 조계사에서 내가 시봉을 했고, 중간에 힘들면 '같이 가자' 해서 도봉산, 북한산 등의 암자에서 며칠 지내기도 했습니다. 금오 스님은 논리적이지는 않지만 대중을 압도하는 힘이 있었습니다. 평소에는 부드러운데 공식적 자리에 가면 굉장히 엄하셨습니다. 상대 대처승들에게도 위압감이 좀 컸을 것 같습니다. 그런 면에서 정화 과정에서 배경이 되고 환경 조성에 큰 힘이 되었다고 봅니다.

노을을 등지고 / 달을 벗 삼아

반야사 주지로 은둔 생활을 하다

1984년에 충북 영동군 반야사 주지 소임을 맡았습니다. 처음에는 문중스님이 주지를 했습니다. 내가 총무원 교무부장을 하다가 그만두니까 그 스님이 '반야사에 와서 계십시오' 하면서 내게 양보를 하고 가셨습니다. 나는 이제 산중에서 내면을 살피면서 조용히 좀 지내야겠다고 생각을 하고 있던 차였습니다.

그 시기는 자기 내면을 살피는 성찰의 시간을 가지며 은둔생활을 했습니다. 옷도 허름하게 입고 면도도 잘 하지 않고 지냈습니다. 그야말로 은둔자의 모습으로 살았습니다. 그렇게 살고 있는데 어느 기업 총수라고 하는 분이 왔습니다. 그분과 함께 주변을 안내하며 산책했습니다. 서로 처음 보는 사이였습니다. 그분이 헤어지면서 내게 이렇게 말했습니다.

"스님은 여기에서 계속 계실 분이 아닙니다. 스님은 앞으로 큰일을 할 것 같습니다."

내가 다시 물었습니다.

"그것을 어떻게 아십니까?"

"제가 기업인이기 때문에 사원을 채용할 때 관상도 봅니다."

그 사람이 누군지는 아직도 모릅니다. 돌아보면 반야사에서 은둔 생활한 것이 참 좋은 기회였습니다. 전기도 들어오지 않고, 수도도 없어 여러 가지 불편함이 많았습니다. 촛불 켜고 생활하는데도 불구하

고 공부하는 학생들이 많이 왔습니다. 승속을 떠나서 한 식구로 동고
동락하며 공동체 일원으로 살았습니다. 그렇게 반야사에서 4년 지냈
습니다.

대한불교조계종 포교원장 소임을 맡다

조계종 중앙종회는 우리나라 국회와 같은 역할을 합니다. 총무원이
집행기구라면 중앙종회는 의결기구입니다. 주요 종책과 예산 심의 등
을 종회에서 합니다. 나는 1980년부터 제6대, 7대, 8대, 10대, 11대 중
앙종회의원을 역임했습니다. 그 이전에 교무부장을 2년간 했습니다.

교무부장 시절에 중앙승가대학교도 처음 발족시켰습니다. 비구스
님과 비구니스님 교육이 양분되어 있었는데 교수진 확보 및 비용 문
제 등으로 통일시켜 중앙승가대를 발족시킨 것입니다. 이러한 스님들
의 교육 분야에 이어 합동 수계도 처음으로 실시되었습니다. 각 교구
본사별로 수계가 진행되었는데 통일이 필요하다는 취지에서 교무부가
중심이 되어 행자 교육을 일원화시킨 것입니다. 스님들의 체계를 확립
하는 데 아주 큰 기초가 되었다고 생각합니다. 총무원의 교무부는 이
후 교육원과 포교원으로 확대 해체되었습니다. 교무부장도 그렇고 종
회의원을 하면서도 특히 포교 분야에 관심을 가지면서 그 후 월주 스
님의 요청으로 포교원장을 맡게 되었습니다.

종단 소임자 시절 모습

종단 소임자 시절 모습

대한불교조계종 신도증 발급과 관련해서 포교원장 취임식 때 그것을 선포했습니다. 물론 이것은 총무원장스님이나 종단의 원로 대덕스님들의 뜻이 없으면 안 됩니다. 그래서 오늘날 불자들이 재적 사찰을 갖고 신행생활을 하는 것이 정착되었다고 봅니다. 신도증 발급은 신도의 숫자와 통계를 파악해서 종책 수립의 근거 자료가 되기 때문에 아주 중요한 것입니다. 또, 통일수계를 체계화해서 집행한 것이 스님들의 위계질서를 세우는 데 기초가 되었습니다. 이러한 것들은 한국불교의 역사적인 면에서 의미 있는 일이라 할 수 있습니다.

내가 포교원장 할 때 파라미타청소년연합회를 만들어 국가가 인정하는 청소년 교육단체로 성장시켰습니다. 청소년 교화 사업은 예전부터 했었고, 개인들이 해왔지만 공식화시킨 것이 큰 의미가 있습니다. 청소년 포교는 사부대중이 모두 관심을 가져야 하는 것입니다. 청소년은 미래의 꽃이고 주인이기 때문입니다. 청소년을 외면하고는 불교의 미래가 없습니다. 그렇기 때문에 청소년 포교에 관심을 가지는 것은 당연한 일입니다.

파라미타청소년연합회는 단순히 선언이라든가 의욕만 가지고 단체 설립한다고 되는 것이 아니고 실제로 청소년들이 가입하고 모여서 활동을 해야 합니다. 그래서 지역별로 행사도 하지만 1년 단위로 전국단위의 큰 캠프를 개최하여 청소년들이 불교를 통해서 자부심과 긍지를 갖는 계기를 만들어 주었습니다.

파라미타청소년연합회의 주요 활동은 청소년들이 수련대회를 가지

이명박 대통령과 함께한 모습

정의화 국회의장과 함께한 모습

박근혜 대통령과 함께한 모습

'월산 대종사의 생애와 삶'을 조명한 학술대회에서 큰스님의 정진에 대해
의견을 피력하고 있는 성타 스님, 2019년 9월 1일

면서 봉사 활동을 했습니다. 초기에는 불교와 연관된 문화재 지킴이 역할도 했습니다. 지역별로 사찰에서 많은 배려를 해주었습니다. 청소년들은 불교 교리 공부, 신체 단련, 문화재 탐방, 힐링 등 종합적으로 다양한 활동을 했습니다. 또 청소년 활동이 학교에서는 봉사 점수로 인정이 되고 반영이 되었습니다.

학생들의 이러한 모임을 제도화했습니다만 또 학생들을 지도하는 선생님이 조직화되지 않으면 의미가 없습니다. 그래서 내가 전국 초·중·고 교사불자 연합회를 조직해서 금산사에서 발족했습니다. 선생님들이 각 교육현장에서 파라미타청소년연합회와 연계하면서 지도도 맡는 것으로 하여 파라미타가 효율적으로 전개될 수 있도록 했습니다. 지금은 내가 포교원장도 내려 놓고 오래 되었지만 아직도 교사불자연합회가 운영되고 있습니다. 현재는 내가 고문을 맡고 있습니다.

본사 주지, 종회의원, 총무원 임원 등을 겸임할 수 없습니다. 포교원장 임기가 5년인데 임기를 채우지 못하고 2년 6개월 정도 하고는 1998년에 불국사 주지로 갔습니다. 불국사는 본사이고 은사스님이 계시기 때문에 주지로 와 달라는 요청으로 바로 갔습니다.

불국사 주지로서 경험한 불국사의 의의

불국사는 불교계뿐만 아니라 경주를 넘어 한국불교를 대표하는 문화

노을을 등지고 / 달을 벗 삼아

유산입니다. 신라 천년고도의 역사적 배경과 더불어 찬란했던 문화를 오늘날까지 잘 보존하고 있기 때문에 공식적인 행사로 귀빈들이 한국에 오면 경주를 찾게 되고, 경주에 오면 불국사를 방문하게 됩니다.

중국 강택민 서기장이 한국을 처음 방문했을 때, 제가 불국사를 안내하면서 대담을 했습니다. 그분이 평소에 불교에 대해 갖고 있는 소감을 말씀하기도 했는데, 본인도 불교에 대해 많은 관심을 갖고 있다며 상해 옥불사에 계시는 스님으로부터 개인적인 가르침도 많이 받는다고 했습니다. 공산국가의 최고지도자도 불교의 가르침에 대해 신봉하고 있구나 하는 생각을 했습니다.

이렇게 불교를 넘어 한국 문화를 소개하는 큰 역할을 하고 있다고 생각합니다. 그래서 불국사는 안심요安心寮, 즉 마음을 편안하게 하는 집을 크게 지어 민간 외교 차원에서 그런 분들이 오시면 휴식할 수 있는 장소로 제공하고 있습니다. 이것이 불국사의 큰 역할 중에 하나이고, 국가 차원에서도 불국사의 중요성을 말하기도 합니다.

불국사는 나이가 많거나 적거나 수학여행으로 한 번쯤 다녀가셨을 겁니다. 불국사는 우리 마음 깊이 남아 있습니다. 옛날에는 수학여행하면 경주이고, 경주에 오면 불국사를 찾습니다. 그래서 불국사는 추억의 옛 고향으로 큰 역할을 하고 있습니다.

불국사는 단순한 관광사찰로서의 기능뿐만 아니라 수행 도량으로서의 면모도 일신했습니다. 과거 성림당 월산 스님께서 도량을 확장 정비하면서 강원을 열어 젊은 스님들 공부할 수 있도록 했고, 선원을 열어 명실상부한 수행 도량을 정비했습니다.

또, 내가 불국사 주지를 하면서 어린이집과 노인요양원도 만들고, 무료급식도 하고 있습니다. 무료급식을 안정적으로 하기 위해서 부지 250평을 구입했습니다. 경주에는 문화재가 많다 보니 땅을 사기도 어렵고, 사더라도 건물 짓기가 까다롭습니다. 이제 새 주지스님이 오셔서 기공식을 하고 짓고 있습니다. 경주 시민을 위해서, 외로운 할아버지, 할머니를 위해서 필요한 일입니다. 경주 시민들은 불국사를 신뢰하고 있습니다. 지역 사람으로부터 신뢰가 서야 종교적으로도 교화가 됩니다. 내가 주지를 하면서 보람이 있었던 것은 지역 주민이 불국사를 신뢰할 수 있도록 했다는 것입니다. 세상살이를 안다면 더 겸손하고 하심해야 합니다.

방송 포교와 환경시민운동 전개

1996년에 경상북도 5개 본사가 협력을 해서 대구불교방송이 설립되었습니다. 불국사 주지로서 운영위원장 아니면 사장을 맡아야 하는 상황이었습니다. 나는 2000년에 처음에는 운영위원장을 맡았고, 다음에는 사장을 맡았습니다. 또 중앙의 불교방송 이사도 역임했습니다. 우리 사회에서 언론은 굉장히 중요한 역할을 하고 있고, 그만큼 방송 포교 또한 중요하다고 생각합니다.

노을을 등지고 / 달을 벗 삼아

1982년 대한불교조계종 종정상, 1983년에 서울시 종로구청장 표창, 1996년 통상산업부장관상, 1997년 국무총리상, 2000년 세계환경의날 대통령포장 수상, 2002년 국민훈장 모란장 수훈 등 상을 많이 받았습니다.

나는 1970년대 중반부터 환경의 중요성을 생각하면서 자원절약과 재활용을 중심으로 환경운동을 했습니다. 그때는 불교계에서도 환경운동을 하는 스님들이 없었습니다. 초기에는 대구를 중심으로 환경운동을 했습니다만, 이후 종단에서도 관심을 갖게 되었습니다. 그래서 종단의 환경위원장도 맡은 적이 있습니다.

불교사상을 공부하다 보면 환경에 대해서 생각을 안 할 수가 없습니다. 불교에서 말하는 불살생계不殺生戒, 또 발우공양의 정신, 스님들의 검박한 생활 등 이것이 전부 환경문제의 대안일 수 있습니다. 환경운동은 말로만 하거나 강요해서는 안 됩니다. 본인이 생활 속에서 실천을 해야 합니다. 나는 지금도 일반음식점에 가서도 음식을 남기지 않습니다. 또 세수할 때 비누를 사용하지 않습니다. 또 수돗물, 전기 등도 굉장히 절약을 합니다. 환경운동하는 사람이 말과 행동이 다르면 이중생활입니다. 수행자는 위선자가 되어서는 안 됩니다.

1990년대에 사회적으로 환경운동이 본격화되기 훨씬 전부터 실천하고 환경운동을 해왔습니다. 1980년대에 불교계가 중심이 되어 공해추방운동을 하게 됩니다. '공해추방운동 불교인모임'에서 몇 년간 위원장을 맡기도 했습니다.

환경운동에 대한 이론적 근거도 있어야 해서 당시 『자연과 나』라는 책을 쓰기도 했습니다. 제목에서 알 수 있듯이 '자연과 나는 둘이 아니다' '자연이 아름다울 때 나도 성숙해진다' '내가 잘 살기 위해서는 자연도 청정함을 유지해야 한다'라는 내용으로 글을 썼습니다.

사람들은 불교를 통해서 고뇌를 벗어나 안심입명安心立命을 얻고자 합니다. 하지만 이것은 부차적인 문제이고 근본적인 문제는 생로병사 生老病死를 극복하고 해탈하는 데 있습니다. 생로병사는 남녀노소, 빈부귀천을 떠나 누구나 겪어야 하고, 그것을 극복하지 않으면 진정한 삶의 자유를 얻을 수 없습니다. 이 생로병사에서 생명의 문제는 아주 중요합니다. 대개 동물의 생명만 생각하는데 불교적 참생명의 정신으로 돌아가 보면 식물도 동물과 같은 생명체입니다.

그렇기 때문에 불교사상적으로 보면 환경운동은 특별한 것이 아니라 자연스러운 것입니다. 사찰 공양간에도 조왕신竈王神을 모시고 촛불을 켜고 기도를 합니다. 음식물이 낭비되지 않도록 하는 기원입니다. 음식을 먹기 전에도 고양이나 새를 위해 함께 나누는 것도 있습니다. 나무에게는 거름이 되기도 합니다. 모든 것이 인간과 자연이 순환되는 것입니다.

이러한 인연으로 1996년에 청정국토만들기운동 회장을 역임했고, 1998년에는 경주생명의 숲 공동대표를 역임했습니다. 이러한 실천과 활동의 성과로 이런 저런 상을 받은 것이라 생각합니다.

노을을 등지고 / 달을 벗 삼아

월주 스님과 함께한 시간

월주 스님과 함께한 시간이 많습니다. 월주 스님 하면 전라북도 출신이라 전라북도의 지도자로 도지사, 전주시장, 교육감 등 전라북도 사람들의 환영을 받습니다.

월주 스님이 설립한 지구촌공생회는 처음부터 이사로 함께하고 있습니다. 그 이전에는 우리민족서로돕기운동에도 함께 참여했습니다. 월주 스님께서 공동대표로 있으면서 북한동포돕기, 중국의 조선족 동포돕기, 러시아의 고려인 동포돕기 등 여러 가지 활동을 함께했습니다. 월주 스님 모시고 북한에도 다녀오고, 중국, 러시아 등에도 함께 다녀왔습니다.

월주 스님과는 같은 금오문중이기도 하지만 특별히 저에게 관심을 많이 주셨던 것 같습니다. 월주 스님은 금산사 조실로 계시는데 1년에 한 번 개산재開山齋와 보살계 수계법회를 합니다. 함께하자고 요청해서 매년 개산재와 보살계 수계법회에 참여합니다.

월주 스님과 인도 여행을 한 달간 했습니다. 월주 스님께서 여행 후에 『인도 여행』이라는 책을 냈습니다. 거기에 축하 서문도 내가 써드리기도 했습니다. 출판기념회를 팔순 행사와 함께 진행했는데, 축사를 하는 많은 사람 가운데 스님으로선 내가 유일하게 했습니다.

월주 스님은 오랫동안 경실련을 비롯한 다양한 시민사회운동에도 참여하시고, 그 이전에 공해추방운동 불교인모임도 했습니다. 그러한

김제 금산사 수계법회에 월주 스님과 함께 참석한 모습

것들이 나와 통해서 함께하는 일도 많았던 것으로 생각합니다.

교육 포교 : 동국대 이사장과 동국학원의 존재

학교법인 동국학원 이사장은 동국대학교를 비롯해서 그 산하의 중고 등학교, 전산원 같은 전문대학 등 10여 개의 기관을 관할합니다. 대학 교의 경우 총장을 위시로 해서 구성원들이 일을 잘 할 수 있도록 지원 을 하고, 중고등학교 등은 교직원 임용과 해임 등을 관할합니다.

동국대학교는 110년 된 역사를 갖고 있습니다. 우리 선각자들이 투 자를 해서 교육 시설을 만든 것은 역사적인 의미가 있습니다. 그래서 그 자산을 우리 시대에 와서 더 발전시켜야 된다는 의무감이 대단합 니다. 다시 말해, 동국대학교의 발전으로 종단의 위상이 높아집니다. 또 종단의 위상이 높아질 때 학교에도 도움이 됩니다.

넓게 보면 한국의 경제발전과 성장의 동력은 '교육의 역량'이라고 생각합니다. 마찬가지로 부처님이 성도하고 모든 중생과 더불어 나누 겠다고 하는 것이 포교입니다. 부처님의 참뜻을 이 시대에 구현하기 위해서도 교육은 필요합니다. 교육을 통해서 이러한 정신이 구현될 수 있기 때문입니다. 교육과 포교는 서로 연관되어 있습니다. 교육을 통 해서 포교가 향상되고, 포교가 잘 되었을 때 교육도 내실있게 됩니다. 그런 면에서 포교와 교육이 상호 보완관계이고, 연기 관계입니다.

동국대학교는 서울과 경주, 일산의 동국대학교병원, 해외에도 LA에 한의대학을 중심으로 한 LA동국대학교 등 대학으로서의 범위나 위상이 크다고 할 수 있습니다. 내가 불국사 주지로 있을 때 동국대학교 본교와 경주캠퍼스에 각각 발전기금 1억 원씩 냈습니다. 그러다가 작년에 주지를 내려놓고 그 정신은 계승되어야 되겠다 싶어서 본교에 1억 원, 경주캠퍼스에 5천만 원을 냈습니다. 내가 이사장을 하고 안 하고를 떠나서 학교 발전을 위한 이러한 정신은 계승되어야 합니다. 학교법인 동국대학교는 이사들 가운데 스님이 일곱 분입니다. 그분들을 종단에서 추천하게 되어 있습니다. 그래서 종단하고는 밀접한 관계가 있다고 할 수 있습니다. 종단에서 관심을 가짐으로써 불자들이 장학금이라든지 발전기금을 내는 계기가 되기 때문에 당연하고 중요하다고 생각합니다.

우리의 스승, 경허 선사

경허 선사는 법맥으로 나의 노노老老스님이 됩니다. 나의 조사祖師스님이지만 그걸 떠나서 경허 스님은 한국불교가 암담할 때 선불교의 중흥조로 역할을 하셨습니다. 조선 말엽에는 내면의 깨달음을 망각하고 외형적인 형식에만 얽매여서 불교의 핵심 사상보다 형식을 유지하는 데 급급하여 불교의 형해화形骸化, 공동화空洞化가 나타났습니다.

노을을 등지고／달을 벗 삼아

문도스님들과 함께한 모습

「월산대종사의 생애와 삶」 학술 세미나에서, 2019년 9월 1일

대종사 법계 품수 후 문도스님들과 함께한 모습, 2018년 5월 17일

대종사 법계 품수 후 기념사진, 2018년 5월 17일

이때 불교계를 다시 수행을 통해서 깨달음이란 정신세계를 일깨우신 분이 경허 선사였습니다. 한국불교가 선불교의 위상을 정립하면서 그 정점에 경허 스님이 계셨다고 볼 수 있습니다. 그런 측면에서 근대 한국불교의 중흥조라고 하는 데서 부인할 수 없는 큰 어른입니다.

경허 스님은 선사이지만 출발은 경전을 공부하신 분이고 20대 초반에 동학사에서 강사로 유명했습니다. 어느 날 서울로 오는 길에 천안 지역에서 전염병이 든 마을에서 많은 사람들이 죽어가는 상황에 직면했습니다. 죽음이 두려워서 어떤 사람이 오더라도 문을 닫고 열어주지 않았습니다. 여기서 죽음에 대해 깊은 반성을 하게 됩니다. 부처님이 출가하신 동기가 생로병사라는 근본 사고四苦를 극복하는 데 있습니다. '내가 그동안 한 것은 경전이라는 논리에만 몰두했지, 근본 사고를 극복하고 탈피하는 공부를 등한시했구나' 하면서 거기서 인생의 화두에 일념으로 정진했다고 합니다. 서울로 가는 것도 포기하고 다시 돌아가 동학사에서 문을 잠그고 강사직도 내려놓고 화두 일념으로 정진해 깨달음을 이루었습니다.

경허 스님에 대해서 1970년대 초반에 학계에 논문을 발표한 것이 처음이 아닌가 싶습니다. 그 후 학계에서 관심을 갖고 여러 가지 책도 나오고 경허 스님의 제자, 즉 법손法孫들에 대한 많은 연구가 이어지고 있습니다. 만공 스님에 대해서도 내가 간단하게 한두 편 글을 쓴 기억이 있습니다. 만공 스님은 경허 스님의 정신을 계승해서 수덕사를 중심으로 선을 펼쳤습니다. 다시 말해, 경허 스님이 초석을 놓았다면 만공 스님은 선을 대중화하는 데 큰 기여를 했습니다. 이러한 점이 한국 불교사에서 큰 비중을 차지한다고 할 수 있습니다.

주요 저술

2007년에 『마음 멈춘 곳에 행복이라』(은행나무)는 제목으로 명상집을 출간했습니다. 불교계에서 여러 가지 역할을 하면서, 또 불국사 주지로서 수행하면서 느낀 소소한 단상斷想들을 기록한 것입니다.

『마음 멈춘 곳에 행복이라』는 수행을 통한 우리의 정신과 마음 안정, 생활 안정을 강조했다면, 2010년에 출간한 『모래 한 알 들꽃 한 송이』(은행나무)는 환경의 중요성을 일깨우는 생활법문 에세이입니다. 모래 한 알, 들꽃 한 송이도 결코 무의미하게 떨어져 있는 것이 아니다, 우리와 연관된 관계 속에서 존재하고 있다, 그래서 소중한 것이라는 내용으로 환경의 중요성을 강조한 내용입니다.

지은이 | 나가성타那伽性陀

나가성타那伽性陀 대종사는 복福을 전하는 '포대 화상'처럼 중생의 고통을 치유하고 전법에 앞장서 온 이 시대의 선지식으로 추앙받아 왔다. 포교와 전법, 환경 운동, 학문 연구 등 출가 수행자로서 세간과 출세간의 고통을 두루두루 품어 안고 치유하는 데 남다른 원력과 실천행을 보였다.

1941년 경남 울산에서 태어난 성타 스님은 1952년 대한불교조계종 제11교구본사 불국사에서 성림당 월산 대종사를 은사로 출가하였다. 같은 해 3월 학성선원에서 금오 큰스님을 계사로 사미계를, 1958년 3월 범어사에서 동산 큰스님을 계사로 구족계를 각각 수지하였다. 통도사 강원과 동국대 부설 역경연수원을 졸업하고 법주사승가대학 강사로 재임하면서 후학을 양성하였다. 특히 스님은 1998년과 2006년, 2010년 3차례 불국사 주지를 연임한 데 이어 현재 불국사 회주로 추대되어 대한불교조계종 제11교구의 발전과 화합을 위해 온 정성을 다하고 있다.

1980년 조계종 교무부장을 맡아 단일계단 시행의 기반을 다졌으며 당시 비구, 비구니스님으로 나누어 공부하던 중앙승가대의 교육시스템을 혁신적으로 바꾸어 정규 대학에 진입할 수 있는 기반을 닦았다. 10년 넘게 종립 동국대학교 이사를 맡아 한국불교를 대표하는 종립대학의 위상을 드높였으며 불자 인재 양성을 위한 기반을 공고히 했다는 평가를 받는다. 1995년 포교원장에 취임해 신도증 발급 사업을 시작

해 불자들의 소속감을 든든히 하는 시스템을 구축하였으며 신도증 발급을 통해 불자들의 조직력과 활동력을 확장하는 성과를 일구었다. 또, 파라미타청소년협회와 교사불자연합회의 창립을 주도적으로 견인해 포교 행정의 기초를 다졌다. 2016년에는 종단의 질서와 계율 가풍을 전담하는 호계원장에 취임하여 종단의 승풍을 진작시키고 계율 청정의 수행가풍을 고취시켰다. 1980년부터 종법과 계율, 종단의 합리적인 운영을 위한 제도를 주관하고 정비하는 중앙종회의원으로 선출되어 제6대부터 제11대까지 중앙종회 의원으로 종단과 한국불교의 발전에 든든한 버팀목이 되었다.

환경 운동에도 남다른 애정을 쏟아온 성타 스님은 조계종 초대 환경위원장, 경주경제정의실천시민연합 공동대표를 맡아 시민사회활동에서도 많은 공적을 쌓았다. 조계종의 최고 법계를 상징하는 원로의원으로서, 제11교구 본사인 불국사의 회주로 추대되어 후학들에게는 항상 부처님의 법을 설파하고 실천하는 선지식으로서 위의를, 불자들에게는 항상 부처님의 자비를 나누시는 보살로서의 선행을 솔선하였다.

저서로는 『금오집』을 비롯한 『자연과 나』『마음 멈춘 곳에 행복이라』『모래 한 알, 들꽃 한 송이』 등이 있으며 「백암사상」「경허의 선사상」「경허 선사와 한말의 불교」「한국불교와 사회적 성격」 등 논문을 발표해 학자로서의 연구 활동에서도 빼어난 업적을 남겼다.

노을을 등지고 달을 벗 삼아

1판 1쇄 발행 2022년 10월 1일

지은이 나가성타
발행인 정지현
편집인 박주혜

대표 남배현
본부장 모지희
편집부장 김창현
편집 박석동
마케팅 조동규, 서영주, 김관영, 조용
관리 김지현
디자인 동경작업실

펴낸곳 (주)조계종출판사
주소 서울시 종로구 삼봉로 81 두산위브파빌리온 831호
전화 02-720-6107
전송 02-733-6708
이메일 jogyebooks@naver.com
등록 2007년 4월 27일 (제2007-000078호)
구입문의 불교전문서점 향전(www.jbbook.co.kr) 02-2031-2070~1

ISBN 979-11-5580-189-5 (03220)

조계종
출판사 지혜와 자비의 눈으로 세상을 바라봅니다.